LA FINE DEL MONDO

UNIPOLARE

No al nuovo disordine mondiale

Renato Massa

1

ISBN 13: 978-1522724049

ISBN 10: 1522724044

SOMMARIO

Premessa alla prima e alla seconda edizione

Il mondo versa oggi in un gravissimo pericolo, un pericolo assai più serio di qualsiasi altro già affrontato dall'umanità nel suo complesso nel passato prossimo o remoto, un pericolo senza precedenti perché da un lato sta andando diritto verso il disastro climatico, demografico e ambientale, dall'altro è lanciato a capofitto verso la minaccia sempre più concreta di una guerra nucleare.

Mentre alcune classi totalmente irresponsabili, fortemente minoritarie in quanto a numeri, ma anche fortemente prevalenti in fatto di risorse e di potere, procedono come tori impazziti verso il disastro, mentre la maggioranza degli esseri umani rimane apparentemente indifferente o almeno torpida e ignara circa il tragico destino che la attende, rimane pur sempre una minoranza che vorrebbe fare tutto il possibile per invertire la rotta demenziale di chi si arroga di detenere il controllo del pianeta, minoranza che si trova tuttavia del tutto inerme nei confronti di un potere mondiale più esteso e tuttavia anche più ignorante e più rozzo che mai. Questa minoranza cosciente e impegnata non solo non ha alcun potere ma non gode neppure di un minimo di considerazione da parte della grande maggioranza dei concittadini che evidentemente pensano che i detentori del potere debbano per forza sapere almeno in linea di massima ciò che fanno o magari che i detentori delle risorse meritino considerazione a causa della loro situazione socioeconomica e della loro innegabile influenza geopolitica.

Che fare? Bisogna anzitutto informare sulla realtà dei fatti, ma questo non basta, purtroppo. Bisognerebbe anche convincere, una maggioranza riluttante sulla valutazione da dare ai fatti rettificati, dato che la disinformazione è penetrata tanto profondamente nel tessuto sociale da capovolgere la realtà creandone una totalmente fittizia e alzando un muro di profonda diffidenza nei confronti di chi si sforza di ripristinare la verità. La verità diventa "bufala" (parola ampiamente abusata nel web) e la menzogna diventa verità nei social media come nelle conversazioni tra cittadini medi. L'incredibile diventa credibile, il reale diventa teorema tutto da dimostrare e il futuro si tinge di colori sempre più foschi. La tragedia potrebbe iniziare da uno stupido incidente, da una valutazione sbagliata delle forze e delle motivazioni in campo. Purtroppo, sembra che qualcuno stia cercando lo scontro per motivazioni fin troppo chiare per non essere aborrite. La vicenda tuttora in corso della guerra russo-ucraina e della reazione finto-democratica occidentale è altamente significativa.

Le forze in atto sembrano troppo immense per potere essere contrastate. E tuttavia non è possibile esimerci dall'azione, né è possibile dimenticare che tutte le azioni collettive sono normalmente precedute da lunghe elaborazioni intellettuali che devono dimostrarne in modo stringente la necessità e anche l'urgenza. Certo, c'è il rischio che la nostra voce, come quella di molti altri migliori di noi, cada nel vuoto più assoluto, ma non esiste alternativa. Questo documento vuole essere uno dei cento, mille, spero anche centomila in un prossimo futuro, che ricordino al popolo quanto sia minacciosa la realtà presente e che elaborino idee fresche e coraggiose per capovolgerla. Vuole essere un seme che produca uno dei primi, grandi alberi di una nuova foresta.

R.M.

Goraiolo, 28 ottobre 2015 (1)
Goraiolo, 4 maggio 2022 (2)

I. La caduta

1. L'ALBA DEL MONDO UNIPOLARE (1975 – 1991)

La seconda guerra mondiale (1939-1945), con le sue decine di milioni di morti e le enormi sofferenze di centinaia di milioni di altre persone, fu causata, in ultima analisi, dalla pretesa di Adolf Hitler di dominare l'Europa creando un mondo unipolare. Al termine dell'immane conflitto, quando fu infine sconfitto il sanguinario dittatore tedesco dagli alleati sovietici e franco-anglo-americani, l'Europa dovette anche subire l'umiliazione di una doppia occupazione: a est dell'Unione Sovietica con i paesi del patto di Varsavia che Stalin era riuscito a occupare e porre sotto controllo militare prima del maggio del 1945, a ovest degli Stati Uniti con i paesi del futuro blocco della NATO che gli americani erano riusciti parimenti a occupare e a porre sotto controllo militare nello stesso periodo.

Questa situazione diede origine al cosiddetto mondo bipolare, destinato a perdurare nella sua forma originaria fino al 1989. Tra il 1989 e il 1991, si susseguirono poi vari eventi alquanto caotici che infine diedero luogo al cosiddetto collasso della Unione Sovietica e con esso al cosiddetto NWO (New World Order, cioè nuovo ordine mondiale), certo non accettato da tutti ma considerato come assolutamente reale dagli USA che valutarono unilateralmente che la dissoluzione della Unione Sovietica avesse dato origine proprio a quel mondo unipolare che Hitler non era riuscito a realizzare. Con la differenza che questa volta i padroni sarebbero stati loro.

Come nuovi padroni, gli americani non si rivelarono affatto migliori del defunto dittatore tedesco. Per prima cosa, già nel 1990-1991, (prima ancora del cosiddetto collasso dell'URSS) attaccarono l'Irak, con il pretesto di liberare il Kuwait ma in pratica per prendere il controllo su un paese il cui governo minacciava, tra l'altro, di non usare più il dollaro nelle transizioni petrolifere. La questione del dollaro era vecchia, risaliva addirittura al 1971, quando il presidente Nixon, a fronte di una richiesta di conversione di dollari in oro da parte della Francia, preoccupata per le eccessive spese americane nella guerra del Vietnam, aveva rifiutato l'operazione, annunciando improvvisamente la "temporanea" sospensione della convertibilità del dollaro in oro. Per evitare, poi, di rischiare di rimanere nelle mani soltanto con carta straccia a seguito di comprensibili reazioni di paesi terzi, il governo americano aveva messo a segno, pochi anni dopo, un conveniente accordo con l'Arabia Saudita sull'acquisto in dollari di tutta la sua produzione di petrolio. La storia di questo accordo è tanto interessante da meritare di essere ricordata con qualche dettaglio.

Il presidente Nixon aveva già tentato di concludere l'accordo suddetto con il vecchio re Faisal che tuttavia non sembrava molto disponibile ad accettarlo, specialmente in seguito agli eventi del 1973 che, a partire dalla guerra del Kippur (arabo-israeliana), avevano determinato la decisione comune dei paesi arabi di diminuire considerevolmente l'esportazione di petrolio verso gli USA e gli altri paesi cosiddetti occidentali come misura di pressione anti-israeliana. In quella occasione, l'Arabia Saudita aveva mantenuto una ferma posizione comune con gli altri paesi arabi, mettendo in difficoltà gli USA. Tuttavia, la situazione cambiò nel 1975, quando il re Faisal fu improvvisamente assassinato dal nipote, da pochi giorni rientrato dagli Stati Uniti dove aveva trascorso diversi anni per motivi di studio e dove era stato anche arrestato (e poi rilasciato) per motivi di droga. In Arabia Saudita, il comportamento omicida del giovane nipote del re venne ragionevolmente spiegato attribuendolo a un complotto della CIA

11

mirato a spezzare il cartello petrolifero del quale l'Arabia Saudita faceva ormai saldamente parte. In ogni caso, l'effetto della successione al trono del nuovo re fu proprio quello presumibilmente auspicato dal governo americano, di spezzare il cartello e ottenere la firma del contratto relativo ai cosiddetti petrodollari. In questo modo, il valore del dollaro si trovò a essere sostenuto da quello del petrolio e gli USA, con la scusa di assistere militarmente l'Arabia Saudita contro ogni possibile aggressione, ottennero anche il vantaggio addizionale di piazzarsi saldamente nel cuore del Medio Oriente per ogni futuro progetto e/o evenienza.

Per meglio preparare il loro futuro nell'intera regione, gli Stati Uniti diedero, nel frattempo, una cauta ma ferma assistenza alla rivoluzione iraniana degli ayatollah che aveva il merito, dal loro punto di vista, di distruggere il moderno e ambizioso regime dello scià che, nel 1979, venne sostituito da una sorta di teocrazia medioevale e fanatica che i consiglieri dei servizi segreti americani evidentemente ritenevano che potesse essere mantenuta più facilmente sotto controllo. L'oscura rivoluzione dell'ayatollah Khomeini, nei suoi primi mesi di esistenza, venne infatti commentata in termini moderatamente favorevoli da tutti i giornali del blocco occidentale, evidentemente ubbidienti ai piani del padrone. In pari tempo, nel conflitto in atto tra il regime filosovietico al potere in Afghanistan e i fanatici islamici *mujaheddin*

12

il blocco occidentale prese ovviamente le parti di questi ultimi tentando addirittura di presentarli come eroici combattenti per la libertà.

Il capolavoro diabolico dei servizi segreti americani fu tuttavia la guerra Irak-Iran, a ragione considerata come il mezzo ideale per indebolire e anzi estenuare entrambi i paesi, uno dominato da un regime islamico fanatico cautamente sponsorizzato dall'occidente ma che si riteneva comunque necessario mantenere sotto controllo, l'altro da Saddam Hussein, un abile politico di orientamento laico considerato comunque pericoloso per i suoi possibili colpi di testa sia dagli americani sia dai sovietici.

Gli "amici" americani cercarono dunque di spingere Saddam ad attaccare l'Iran con il quale l'Irak aveva una vecchissima disputa territoriale in merito ad alcuni territori che, nel secondo millennio, erano passati più volte di mano. Saddam attaccò improvvisamente, il 22 settembre 1980, inizialmente ottenendo notevoli successi, grazie al disorientamento generale dovuto allo scioglimento dell'efficiente esercito dello scià da parte di Khomeini. In seguito, però, il fanatismo intrepido dei nuovi combattenti, figli della rivoluzione islamica iraniana, incominciò a mettere in difficoltà l'esercito irakeno e il risultato fu uno stallo in una lunga guerra di posizione (1980-1988) nella quale si stima che abbia perso la vita poco meno di un milione di persone su entrambi i fronti. La tregua

13

del 1988 – di fatto una pace non dichiarata – portò un nulla di fatto e lasciò entrambi i paesi non solo insanguinati ma anche impoveriti. È comprensibile che Saddam Hussein, a questo punto, si sentisse creditore nei confronti degli americani che lo avevano spinto a quella vana avventura.

Saddam valutò allora che, quale compenso a quel disastro umanitario ed economico del quale gli USA erano moralmente corresponsabili, avrebbe potuto invadere il vicino Kuwait con il pretesto della sua sovra-produzione di greggio che aveva causato un eccessivo abbassamento dei prezzi del petrolio e addirittura del presunto sconfinamento petrolifero dei kuwaitiani in territorio irakeno, In tal modo, avrebbe potuto impadronirsi dei pozzi del ricco vicino e ricavarne qualche miliardo di dollari.

La tempistica della guerra è illuminante dato che ha inizio poco dopo il crollo del muro di Berlino ma prima del collasso dell'Unione Sovietica. Gli Stati Uniti potevano ben contare sulla sicura immobilità del tradizionale antagonista russo, troppo impegnato a risolvere i propri problemi interni per potere anche solo fiatare. Proprio per questo l'invasione del Kuwait da parte di Saddam Hussein appare decisamente strana, anzi assurda. Non è molto credibile, infatti, che un capo di stato piuttosto abile e decisamente privo di scrupoli come Saddam non avesse previsto e calcolato la reazione americana. Cosa lo spinse, allora, a questa invasione suicida, destinata a concludersi in un immenso disastro, umano, economico anche mediatico?

Una possibile risposta a questa domanda potrebbe essere offerta da un episodio avvenuto nel corso dell'incontro di Saddam con l'ambasciatrice americana April Gaspie il 25 luglio 1990. Secondo il governo irakeno, infatti, Saddam avrebbe prospettato all'ambasciatrice l'ipotesi dell'invasione e avrebbe ricevuto l'assicurazione, o quanto meno il commento, che gli USA si sarebbero mantenuti neutrali, considerando la questione come un affare non di loro pertinenza. Naturalmente, nessuno si prese la briga di registrare la conversazione o di firmare impossibili accordi e l'ambasciatrice, interpellata in proposito dopo l'invasione, si strinse nelle spalle sostenendo semplicemente che il rais doveva avere equivocato il senso di una sua frase, forse a causa di una cattiva traduzione.

Certo, non è tanto credibile che una questione di importanza tanto vitale venisse trattata in un modo tanto distratto e casuale, però questo è quanto fu dichiarato dalla ambasciatrice che naturalmente, quale rappresentante della massima potenza mondiale, fu considerata maggiormente degna di fede rispetto a un dittatore scatenato alla ricerca di risorse a ogni costo. Diciamo dunque che esistono due diverse ipotesi: la prima è che Saddam fosse un perfetto idiota che navigava a vista, la seconda è che sia caduto in una trappola.

In ogni caso, il giorno 2 agosto 1990, alle due del mattino, trentamila soldati dell'esercito iracheno attraversano la frontiera e penetrano in Kuwait. Appoggiati da elicotteri e senza praticamente incontrare resistenza, si dirigono verso la capitale.

Alle 7 del mattino entrano a Kuwait City e occupano il palazzo del Governo che è stato abbandonato poche ore prima dall'emiro Jaber al Sabah, fuggito in Arabia Saudita su un elicottero. L'unica resistenza è tentata dal fratello più giovane dell'emiro, Fahd al Sabah, che rimane ucciso negli scontri.

Inizia così la lunga sceneggiata che porterà infine gli americani a intervenire militarmente a partire dal giorno 17 gennaio 1991, ufficialmente per liberare il Kuwait dai suoi invasori. Ci si può domandare come mai Saddam Hussein abbia ostinatamente rifiutato di ritirarsi pur sapendo che un eventuale intervento militare americano lo avrebbe comunque costretto a farlo dopo enormi perdite e sofferenze umane. Questa è un'ottima domanda alla quale è difficile rispondere se non ammettendo che il rais sapesse perfettamente che l'attacco sarebbe partito comunque, che l'invasione del Kuwait che scioccamente aveva messo in atto, per gli

USA era soltanto un buon pretesto per iniziare un'operazione che era stata pianificata da tempo e che andava ben oltre la liberazione del Kuwait e il controllo dei suoi pozzi di petrolio, un'operazione geopolitica che implicava da un lato l'insediamento militare americano su un'area di grande importanza strategica, dall'altro l'assicurazione che il petrolio irakeno, per il futuro, sarebbe stato venduto soltanto in dollari americani, dall'altro ancora un esperimento di economia neoliberista integrale che, fino a quel momento, era stato compiuto soltanto in Indonesia nel 1965 dopo il sanguinoso golpe di Suharto e in Cile, dopo l'analogo golpe del generale Augusto Pinochet. In tale quadro, non può essere neppure trascurato l'effetto propagandistico di un'operazione liberatoria anche psicologicamente, condotta contro un dittatore certamente brutale ma anche demonizzato in ogni modo possibile attraverso un'informazione occidentale strettamente pilotata e grossolanamente deformata. Tutto ciò con il vantaggio morale della benedizione dell'ONU e dell'adesione alla campagna militare di ben 35 paesi alleati degli USA. Un vero trionfo americano mentre l'Unione Sovietica non poteva fare altro che stare a guardare.

La domanda che spontaneamente si pone è sulle ragioni che possono avere spinto Saddam a resistere, sottoponendo il suo popolo all'immenso massacro che sarebbe stato provocato in poco più di un mese da qualcosa come diecimila incursioni aeree. In realtà, nessuno è veramente al corrente del contenuto dei colloqui che un gran numero di diversi mediatori tentò per scongiurare il prevedibile disastro umanitario. Personalmente, ricordo di essere rimasto fortemente colpito da una proposta del nostro Bettino Craxi che si indirizzava a Saddam chiedendo un pieno e incondizionato ritiro dal Kuwait e chiedendo in cambio agli americani la garanzia che il rais non sarebbe stato attaccato. Mi chiesi che razza di proposta fosse quella, se non dovesse essere già ovvio che l'Irak non sarebbe dovuto essere attaccato nel caso in cui si fosse ritirato. No, forse non era affatto tanto ovvio quanto il grande pubblico poteva credere, forse Saddam e Bettino sapevano molto più di noi.

Nella apparentemente inevitabile prima guerra irakena (definita "del golfo") si fronteggiarono oltre mezzo milione di soldati irakeni e 600 mila soldati americani che tuttavia entrarono in azione solo dopo che una serie di massicci bombardamenti (diecimila incursioni aeree ho scritto qui sopra) ebbe praticamente distrutto tutto ciò che poteva essere distrutto. L'esercito irakeno rimase perlopiù rintanato nei suoi rifugi quando i soldati non vi furono arsi vivi. L'invasione finale americana fu una sorta di passeggiata culminata col tentativo di fuga di una lunga colonna di camion, automobili e autobus da Kuwait City. Le bombe americane ridussero in cenere e rottami anche questa colonna di disperati. L'immagine aerea di quella immensa colonna di morte pietrificata nel deserto è uno dei ricordi più spaventosi che mi siano rimasti di quel conflitto impari. Io credo che non si sia voluta evitare non tanto per ragioni strategiche ma soprattutto perché si voleva lasciare un'immagine di terrore.

Non solo, ma negli anni successivi si insistette sull'embargo durissimo che il paese dovette continuare a subire per ragioni che all'osservatore esterno non risultano affatto chiare. In un documento del Centro Studi per la pace, Francesco Battista riferisce un punto di vista agghiacciante di un noto personaggio americano di quei tempi:

"Il 12 maggio 1996, nel corso di una puntata del programma televisivo statunitense '60 minutes', l'allora ambasciatrice USA alle Nazioni Unite, Madaleine Albright, viene intervistata in merito alle sanzioni all'Iraq. Alla domanda della conduttrice "Abbiamo sentito che sono morti mezzo milione di bambini. Voglio dire, più bambini di quanti ne sono morti a Hiroshima. È un prezzo che vale la pena pagare?", Madeleine Albright risponde: "Penso sia una scelta molto difficile, ma sì, penso che ne valga la pena".

Certo, non tutta la propaganda americana venne svolta con metodi tanto rozzi e rivoltanti. Ricordo che nel 1990, precisamente poco prima dell'inizio della guerra del golfo, uscì il romanzo di Oriana

Fallaci *Insciallah* (1990) che ricevette un lancio pubblicitario straordinario, compresa la distribuzione gratuita di un enorme numero di copie. Non è un mistero per nessuno che l'autrice, famosa e intrepida giornalista di guerra, godesse di un credito molto alto negli Stati Uniti e che il contenuto del libro fosse naturalmente basato sulle personali convinzioni della Fallaci che non risparmiò mai le sue critiche al mondo islamico e la sua ferma e piena adesione a una visione non solo occidentale ma prettamente americana della politica. L'uscita del libro immediatamente prima delle bombe di Bush senior fu certamente molto utile agli USA.

Sottoposto alle durissime sanzioni economiche che provocarono sofferenze e morte di centinaia di migliaia di vecchi e di bambini per mancanza cronica di cibo e di medicinali, dopo il 1991 l'Irak continuò a vivere una interminabile stagione di violenze, e peraltro la frazione del suo territorio non ancora occupata da truppe americane rimase diretta da un governo capeggiato ancora da Saddam Hussein, almeno fino al 2003, anno in cui George Bush junior, approfittando dei sentimenti di ostilità suscitati dall'attentato alle torri gemelle di New York (2001), decise di mettere in atto un secondo attacco per sbarazzarsi definitivamente del rais.

Era necessario tuttavia un pretesto e quello dell'attacco terroristico alle torri gemelle era già stato sfruttato, peraltro con scarsi risultati, per un attacco all'Afghanistan che comunque non era valso a scovare l'inafferrabile Osama Bin Laden, mente implacabile del terrorismo islamico che aveva rivendicato l'attentato.

È a questo punto che alcuni responsabili militari e civili americani (ma anche britannici) si inventano di sana pianta la storia delle "armi di distruzione di massa", storia che oggi, in retrospettiva, se non fosse stata tragica, apparirebbe semplicemente ridicola. Dunque, un paese distrutto, per la gran parte occupato dalle truppe di una superpotenza, sottoposto a un embargo anche alimentare e sanitario che non può onestamente essere definito in altro modo se non criminale, un paese in queste condizioni avrebbe avuto il tempo, le risorse e la volontà di fabbricare non meglio precisate "armi di distruzione di massa" che avrebbero dovuto essere scovate e distrutte nel corso di un nuovo e stavolta decisivo attacco militare americano. Eppure questa patente assurdità fu sostenuta a lungo dagli ubbidienti giornali-spazzatura del blocco di servi occidentali.

La guerra, o meglio il consueto attacco aereo a forza di bombe, inizia il 20 marzo 2003 e in sole tre settimane gli Stati Uniti ottengono la caduta del regime. A questo punto, forse, Washington si illude di ottenere una rapida normalizzazione del Paese, o forse no, comunque lo dichiarano. Il Pentagono dichiara che un contingente di 50.000 soldati è ritenuto sufficiente a garantire la sicurezza, ma a fine dicembre 2004, i soldati in Iraq sono più di 150.000. Quasi inutile precisare che le fantomatiche armi per la distruzione di massa non vengono trovate. L'Iraq viene in tal modo liberato dal suo governo, considerato dalla propaganda occidentale come un'odiosa dittatura, ma resta sconvolto da continui e incontrollabili atti di terrorismo, dalla generale ostilità contro le forze occupanti e da insanabili contrasti politico-religiosi.

Saddam Hussein riesce a sfuggire alla cattura nascondendosi fino al 2005, anno in cui viene scovato, catturato, sottoposto a un processo-farsa e condannato a morte per impiccagione. La sentenza viene eseguita il 30 dicembre 2006 e pubblicizzata per mezzo di un video che suscita, giustamente, una valanga di critiche. Personalmente, ritengo che l'esecuzione mediatica del capo irakeno avesse lo stesso scopo della diffusione delle immagini delle colonne dei fuggiaschi da Kuwait City carbonizzate, e cioè che facesse parte di una strategia di terrore, peraltro non ben riuscita nei suoi scopi mediatici. Sulla base di questa esperienza, alcuni anni più tardi (2011), quando gli occidentali riuscirono a mettere le mani su Muammar Gheddafi, preferirono lasciarlo linciare in modo orribile piuttosto che assumersi la responsabilità di un processo che, come tutti i trattamenti punitivi riservati ai perdenti, non avrebbe mancato di suscitare aspre critiche.

Sui veri scopi della invasione dell'Irak e dell'insediamento di un nuovo governo che è ben difficile non definire "fantoccio", raccomando di leggere il capitolo sull'Irak del prezioso libro "The shock doctrine" di Naomi Klein (2006) nel quale viene spiegato in dettaglio il programma di privatizzazioni selvagge che fu messo in atto nel paese dopo la campagna del 2003. Scrive la Klein in uno dei passi-chiave del suo libro:

"So, what was it about this part of the world, they asked, that produced terrorism? Ideologically blinded from seeing either U.S. or Israeli policies as contributing factors, let alone provocations, they identified the true cause as something else – the region deficit in free-market democracy".

Insomma, la vera e propria rapina di risorse, non soltanto petrolifere, che seguì l'attacco finale del 2003 venne e viene tuttora presentata dall'aggressore come un possibile rimedio contro il terrorismo. "Ideologicamente ciechi" li definisce educatamente la signora Klein ma, secondo me, è anche peggio. Non posso neanche immaginare che qualcuno possa seriamente credere che i bombardamenti a tappeto su un paese di antichissime tradizioni, la totale distruzione del suo sistema di governo, la sistematica rapina delle sue risorse, l'assassinio di un numero enorme di suoi cittadini possano servire a combattere il terrorismo. È evidente che è vero tutto il contrario e che le vere ragioni dell'invasione sono quelle che potrebbe addurre un qualsiasi rapinatore interrogato da un giudice circa i motivi del suo comportamento: *"I wanted the money"*.

2. IL COSIDDETTO "COLLASSO" DELL'URSS

La nuova finta garanzia petrolifera del valore del dollaro, in tal modo estesa con la violenza dall'Arabia Saudita all'Irak e di fatto anche agli altri paesi petroliferi e non petroliferi, favorì l'uso continuato e generalizzato della valuta americana nelle transazioni commerciali e di conseguenza comportò un enorme guadagno parassitario da parte del paese che emetteva la valuta privilegiata creando in tal modo un valore letteralmente dal nulla. Le enormi risorse in tal modo ottenute furono utilizzate per creare e mantenere un gran numero di basi militari e per contrastare l'economia sovietica che si venne a trovare a sua volta incastrata nel trucco del petrodollaro, però in qualità di pagatore, impossibilitato a competere con chi stampava il danaro privilegiato. In tal modo, il governo americano pose rimedio a suo modo al disastro economico del Vietnam e preparò pazientemente il cosiddetto collasso della Unione Sovietica, in realtà una demolizione programmata per mezzo di opportune cariche esplosive.

Gli eventi tumultuosi compresi tra il 1989 e il 1991 non potrebbero tuttavia essere pienamente compresi se non si risalisse almeno fino al 1985, anno in cui il ruolo di segretario del Partito Comunista della Unione Sovietica fu assunto da Mihail Gorbaciov, un politico che si era ostinatamente convinto della necessità di "riformare" le istituzioni sovietiche rendendole simili a quelle occidentali. È probabile che Gorbaciov fosse stato spinto su quella pericolosa strada da falsi amici occidentali che promettevano di aiutare il colosso sovietico a uscire dalle sue difficoltà economiche a condizione dell'attuazione di determinate "riforme" che del resto allo stesso Gorbaciov apparivano opportune. Gorbaciov, però, non si rese conto che i suoi "amici" occidentali lo spingevano su una strada che avrebbe facilitato il disfacimento della Unione, grazie anche al loro non trascurabile contributo in termini di propaganda antisovietica nei paesi satelliti e nelle repubbliche periferiche dell'Unione e grazie anche alla continua dilazione nel tempo degli aiuti economici promessi. Il tutto sia detto senza sottovalutare gli errori del regime comunista sovietico e specialmente quelli personali dello stesso Gorbaciov che resero possibile da un lato il desiderio di cambiamento di Gorbaciov, dall'altro le insidie dei falsi amici, pronti a tutto per potere schiacciare il tradizionale avversario.

Il tema della perpetua oscillazione russa tra una originale concezione politica "eurasiatica" e un semplice neo-liberismo di stampo occidentale è stato trattato in modo molto chiaro e approfondito da Alain De Benoist e Aleksandr Dugin nel loro volume-intervista "Eurasia, Vladimir Putin e la grande politica".

L'opera di "riforma" iniziata da Gorbaciov fu certamente molto gradita al papa Karol Wojtyla che, a partire dal 1978, si era insediato in Vaticano con idee molto precise. Wojtyla era un papa polacco, dotato di una visione politica fortemente anticomunista: avrebbe affrontato qualsiasi difficoltà pur di potere liberare il suo paese di origine dal regime che egli aborriva. In effetti, già a partire dal 1980, in Polonia si costituì il sindacato politico Solidarnosc che in effetti lavorava per il superamento del regime. Un anno dopo, nel 1981, papa Wojtyla subì anche un attentato sul quale non fu mai fatta piena luce ma che molti hanno cercato di collegare con l'azione di servizi segreti di paesi della Europa dell'est, ipotesi anche abbastanza credibile data la preoccupazione suscitata dall'attività del papa polacco che certamente lavorava d'accordo con elementi americani e che forse non si rendeva conto (o forse semplicemente non si interessava affatto) delle conseguenze internazionali che un successo di Solidarnosc avrebbe comportato.

Fu certamente una iattura che alla convergenza operativa del Vaticano con gli USA, l'Unione Sovietica non avesse nessun altro personaggio politico da contrapporre se non Mihail Gorbaciov, un sognatore che non soltanto ammirava le istituzioni politiche occidentali e desiderava emularle ma, come un autentico scolaretto alle prime armi, voleva anche dimostrare la propria disponibilità e flessibilità a interlocutori il cui vero obiettivo era unicamente di distruggere il suo paese.

La prima fase del crollo si ebbe nel 1989, quando la marea dei cambiamenti mal pensati e peggio pianificati da Gorbaciov interessò i paesi satelliti dell'URSS, risparmiando apparentemente la "casa madre". All'inizio dell'anno (febbraio-aprile 1989), in Polonia, si aprirono negoziati, fino a poco tempo prima assolutamente impensabili fra Solidarnosc e il partito comunista. I colloqui sfociarono nelle elezioni di giugno nelle quali il sindacato-partito stravinse.

A marzo, in Ungheria, ottantamila manifestanti scesero nelle strade della capitale per chiedere un cambiamento politico. Si formò una coalizione di opposizione, prima impensabile. Il 27 giugno, i ministri degli esteri ungherese e austriaco tagliarono insieme la barriera del confine che divide i due Paesi. Il 19 agosto venne anche organizzato un "picnic pan-europeo" per festeggiare l'apertura simbolica del confine fra Austria e Ungheria.

Il 23 agosto fu di scena la "Catena baltica": due milioni di persone si davano la mano dalla Lituania all'Estonia passando per la Lettonia, per protestare contro il patto Molotov-Ribbentrop che aveva stabilito, tra l'altro, la fine della loro indipendenza.

Il 24 agosto, in Polonia, Tadeusz Mazowiecki (Solidarność) fu nominato premier. Era il primo governo non-comunista dell'Europa dell'est.

L'11 settembre, oltre tredicimila tedeschi dell'est approfittarono della possibilità di passare liberamente dall'Ungheria all'Austria per lasciare il loro Paese e spostarsi a ovest. Il 18 ottobre, il presidente della Germania dell'est Erich Honecker si dimise. In seguito alle proteste e alle fughe, il 9 novembre il governo della Germania dell'est tolse la proibizione di attraversare il confine: "cadeva" così dopo ventotto anni il muro di Berlino che venne letteralmente demolito, pezzo per pezzo e venduto ai turisti come souvenir di un tempo passato che ci si augurava che non dovesse mai più ritornare.

A novembre, la rivoluzione raggiunse la Cecoslovacchia e a dicembre la Romania. Mentre nel primo caso si ebbe la cosiddetta "rivoluzione di velluto" che portò alla presidenza lo scrittore cattolico Vàclav Havel, che aveva descritto in una sua commedia la "primavera di Praga" di Alexander Dubcek, nel secondo si ebbe invece un tentativo di resistenza da parte di Nicola Ceausescu che tuttavia terminò tragicamente con la sua sommaria esecuzione dopo un processo-farsa durato poche ore.

Gli eventi del 1989 devono essere necessariamente letti in modo critico, partendo dal presupposto che cambiamenti di tale portata non possano improvvisamente accadere se non è stato accuratamente predisposto un piano al riguardo. Peraltro, è anche vero che nulla garantisce che i piani seguano la direzione che si desidera ad essi imprimere, anche nel caso (improbabile) in cui non esistano forze capaci di spingere in direzioni diverse. Nel nostro caso possiamo ipotizzare che il piano originario di democratizzazione socialista di Gorbaciov sia stato dirottato pesantemente da interferenze esterne alle quali interessava in primo luogo la cancellazione del comunismo dal continente europeo e in pari tempo il sostanziale indebolimento della Russia, a qualsiasi costo.

Gorbaciov desiderava, a quanto sembra, trasformare l'Unione Sovietica in una potenza socialdemocratica e non contrapposta agli Stati Uniti. Per questo, in primo luogo, lasciò liberi gli ex paesi satelliti di scegliere il loro destino, permise di demolire il muro di Berlino, accettò la riunificazione dei due stati tedeschi e sciolse il patto di Varsavia. Non si aspettava, però, che la sua controparte si dimostrasse tanto ingrata da non sciogliere affatto la NATO, anzi da espanderla verso est accogliendovi gli ex stati satelliti dell'URSS e da effettuare la riunificazione tedesca come una pura e semplice annessione della RDT (Repubblica Democratica Tedesca) nella RFT (Repubblica Federale Tedesca). Non si aspettava neppure – ne sono convinto – che un ubriacone che era già riuscito a farsi eleggere sindaco di Mosca potesse aspirare alla presidenza della Federazione Russa, potesse addirittura ottenerla e potesse infine agire in favore dello straniero impedendo ogni tentativo di mantenere l'esistenza dell'URSS e dello stesso sistema comunista fino al punto di bombardare la Duma (cioè il Parlamento) accusando le persone ivi riunite di attività illegali e sediziose. Il risultato delle imprudenti "riforme" di Gorbaciov fu il crollo dell'Unione Sovietica che – si badi bene – fu anche l'inevitabile effetto di una serie di grossolani errori di valutazione da parte degli imprudenti riformatori. Il destino dell'URSS si sarebbe potuto intravedere abbastanza chiaramente già nel 1990, quando il PCUS (Partito Comunista dell'Unione Sovietica) perse la maggioranza nelle elezioni generali (fortemente volute da Gorbaciov) in sei delle quindici repubbliche sovietiche (Estonia, Lettonia, Lituania, Moldavia, Armenia, Georgia). che dimostrarono più o meno immediatamente la volontà di imboccare una via separata dal resto della Unione.

Il resto della vicenda si compì in poco più di un anno dagli eventi suddetti. In pratica, le riforme volute da Gorbaciov gli fecero

31

immediatamente perdere il controllo della situazione e facilitarono le spinte centrifughe che certamente esistevano da tempo a causa della evidente inefficienza del regime comunista e anche della varietà dei popoli e delle religioni comprese nell'URSS, ma che altrettanto certamente furono sapientemente utilizzate da forze ostili che spinsero gli eventi verso una soluzione di secessione generale delle repubbliche minori dalla Russia.

Guardando oggi agli eventi di quegli anni con occhio disincantato, non si può negare che la separazione della maggior parte delle repubbliche asiatiche fosse un processo praticamente inevitabile, una sorta di tardiva decolonizzazione post-zarista di paesi islamici certamente più simili all'Iran o alla Turchia piuttosto che alla Russia, processo che certamente diede nuove inattese opportunità di sviluppo a comunità fino a quel momento marginali dalle quali pochi si sarebbero aspettati sviluppi tanto interessanti e tanto brillanti come quelli che in effetti vi ebbero luogo dopo il debutto della loro indipendenza.

Parimenti inevitabile appare anche il percorso delle tre piccole repubbliche baltiche, entità ben distinte dal mondo russo e invece vicine a quello scandinavo e finlandese, che del resto avevano già goduto di indipendenza nel passato, indipendenza che avevano sempre desiderato di recuperare. Si può simpatizzare o meno con questi nazionalismi – del resto analoghi a quelli che determinarono tra il 1859 e il 1915 la dissoluzione dell'impero austro-ungarico – ma non si può negare che le repubbliche baltiche potessero magari avere un posto all'interno dell'URSS ma non più nella Federazione russa, ormai incentrata su una etnia principe, al massimo allargata a popoli marginali sub-artici.

Diverso è il discorso per le due repubbliche russofone (o quasi tali) occidentali, Ucraina e Bielorussia, che avrebbero potuto senza forzature scegliere il loro destino accanto alla Russia invece che in una autonomia oggettivamente limitata e anche tormentata da problemi internazionali. Non lo fecero, soprattutto non lo fece l'Ucraina che, con i suoi 50 milioni di abitanti, avrebbe potuto fare la differenza. Evidentemente, l'eredità del comunismo e dei delitti di Stalin dovette pesare su quelle scelte della prima ora dopo la sua archiviazione ma, a mio parere, quella scelta fu un grave errore perché aprì la strada a pericolosi appetiti aggressivi degli USA e della NATO. Di questo, tuttavia, si scriverà a suo tempo e luogo.

3. Il destino della "ex Jugoslavia"

Il collasso palesemente "guidato" dell'Unione Sovietica comportò immediatamente serie conseguenze politiche internazionali. La prima si ebbe nel 1990, quando si constatò che nessuno poteva fermare il governo americano nel momento in cui aveva deciso di attaccare l'Irak con il pretesto ben giocato di liberare il Kuwait ma con la sostanziale motivazione di allargare la base geopolitica dell'area del petrodollaro. In ambito strettamente europeo, invece, la conseguenza più drammatica fu la feroce sequenza di guerre che tra il 1991 e il 1995 contribuì a frammentare addirittura in sette diverse misere e imbelli entità politiche la Federazione Jugoslava nonché a cancellare dal vecchio continente l'ultimo stato socialista.

Il primo presidente della Federazione Jugoslava, il maresciallo Josip Broz detto Tito, aveva scelto di non entrare né nel patto di Varsavia né nella NATO e conseguentemente era sempre vissuto con la preoccupazione di potere essere attaccato. Si noti anche che curiosamente, Tito aveva sempre pensato che l'attacco potesse giungere più facilmente dai fratelli russi. Dopo la sua morte (1980), la Jugoslavia continuò per un altro decennio la sua pacifica esistenza che comportava la convivenza tra diverse etnie anche di lingue e religioni diverse. Infatti, se la lingua serba e quella slovena e croata sono assai simili, così non è per la lingua del Kosovo che è sostanzialmente albanese e, quanto alla religione, si ha una maggioranza di cristiani ortodossi in Serbia, di cattolici in Croazia e Slovenia (già province dell'impero Austro-Ungarico) e di musulmani in Bosnia-Erzegovina e Macedonia (già province dell'impero ottomano). Nonostante tutto, per i primi dieci anni non si ebbero seri problemi. Questi si presentarono, guarda caso, proprio nel 1990, nel bel mezzo del terremoto che stava ridisegnando la mappa dell'Europa orientale. Nel caos generale in corso nell'Europa post-sovietica, il governo centrale jugoslavo, data la sua posizione di non allineato, si sentiva di essere qualcosa di ben diverso rispetto ai paesi dell'ex patto di Varsavia. Nell'aprile del 1980, l'antropologo americano George Vid Tomashevsich aveva profeticamente annunciato le fatali conseguenze di un'interferenza straniera, cioè dell'imperialismo.

Il 1989 fu l'anno in cui il patto fatale venne concluso. Il premier jugoslavo Ante Markovic fu convocato a Washington dove il presidente Bush gli disse che la Jugoslavia doveva smantellare immediatamente la sua economia socialista, tenere elezioni e spostarsi verso un'economia pienamente di mercato. se Markovic non avesse acconsentito, la Jugoslavia sarebbe stata tagliata fuori dal FMI (fondo monetario internazionale). Solo se la Jugoslavia si fosse uniformata alle politiche richieste dagli Stati Uniti gli aiuti economici e il commercio sarebbero proseguiti. Markovic sotto minaccia acconsentì. ma questa ricatto per la Jugoslavia rappresentò il suicidio politico, poiché il prestito concesso nel 1989 dal FMI, che si accompagnava all'accettazione delle condizioni imposte dagli USA, era collegato a un duro programma di austerità (la parolina austerità che noi tutti oggi conosciamo), che doveva tagliare salari dei lavoratori e i sussidi alle grandi industrie statali in tutto il paese, la chiusura di numerose industrie di proprietà dello stato e il licenziamento di migliaia di lavoratori. Markovic disse al presidente Bush che questa austerità avrebbe destabilizzato il paese e avrebbe causato forti tensioni etniche tra le provincie autonome.... nel frattempo, molti finanziamenti statunitensi sarebbero arrivati per sovvenzionare partiti nazionalisti di destra. questi gruppi ultranazionalisti, in precedenza poco significativi, continuavano ad alimentare tensioni etniche e nazionalistiche, aumentando il loro potere, nel bel mezzo di una gravissima crisi economica, causa politiche di austerità senza precedenti. tutto ciò era quello che si aspettava la politica imperialista americana. il rapporto della CIA che analizzava il progetto di disgregazione aveva pronosticato che, molto probabilmente, la federazione Jugoslavia sarebbe andata a pezzi nel giro di 18 mesi e anche con tutte le conseguenze di una guerra civile.

Ad ogni modo, il presidente Slobodan Milosevic decise comunque di ipotecare il futuro indicendo elezioni generali e abbandonando anche il particolare modello di socialismo autogestito del quale la Jugoslavia era stata fiera per diversi decenni. I contraccolpi, certamente telecomandati da molto lontano, furono forti e diedero luogo ben presto a una situazione incontrollabile. La prima mossa del complesso gioco che avrebbe dato il via al massacro fu quella della Slovenia, piccola provincia del nord del paese al confine con Italia e Austria, che decise di proclamare l'indipendenza nel 1991, incoraggiata a fare questa mossa proprio da Italia, Germania e Austria che infatti la riconobbero immediatamente, mossa a dir poco assolutamente irresponsabile, chiaramente ispirata da altre potenze. Il governo di Belgrado incassò sostanzialmente lo scacco ma così non fece più quando anche la Croazia (1991) e poi la Macedonia e la Bosnia-Erzegovina (1992) si dichiararono a loro volta indipendenti da Belgrado. Queste province, infatti, comprendevano un elevato numero di serbi residenti che il governo di Belgrado ritenne che non potessero essere abbandonati al loro incerto destino di probabili profughi espulsi senza tanti complimenti.

Scoppiò perciò negli anni seguenti una serie di sanguinosi conflitti di carattere apparentemente etnico ma in sostanza anche e soprattutto politico ed economico, con oltre un milione di morti. Lo spaventoso massacro, duro e prolungato soprattutto nel caso della Bosnia-Erzegovina, fu seguito dall'Europa occidentale da un osservatorio particolare e cioè sempre a favore delle repubbliche secessioniste e filo-neoliberiste e sempre contro la Serbia di Slobodan Milosevic che tentava inutilmente di conservare almeno qualcosa della vecchia Federazione, che si andava dissolvendo pezzo per pezzo, e tentava anche, per quanto possibile, di conservarsi socialista. Subito, nei nostri telegiornali si incominciò infatti a definire semplicemente Serbia ciò che ancora rimaneva della Repubblica Federale Jugoslava dopo le secessioni, che erano chiaramente incoraggiate e appoggiate dall'occidente, e non solo moralmente. Ciò che personalmente mi colpì, in questa serie interminabile di guerre civili che continuò fino al 1996 fu l'atteggiamento dei giornali europei, evidentemente imbeccati dalle potenze dominanti, che parlavano di "pulizia etnica" quando erano i serbi a buttare fuori dal loro territorio oppure anche uccidere i croati mentre non usavano più questa espressione quando erano i

38

croati a buttare fuori oppure uccidere i serbi. Questa guerra sanguinosa fu presentata al pubblico in un modo profondamente distorto, come se fossero stati soltanto i serbi i responsabili del massacro e delle atrocità e non invece tutti i vari gruppi etnici che, incoraggiati ed esasperati da potenze straniere maligne, avevano messo in moto uno stupido processo multi-secessionistico che, anche se fosse stato un obiettivo desiderabile, non sarebbe stato opportuno nemmeno considerare se non come conclusione concordata di un'opportuna trattativa multilaterale.

Perché un simile atteggiamento delle grandi potenze? La risposta esatta a questa domanda avrebbe potuto forse essere fornita da Slobodan Milosevic che però fu arrestato nel 2001, essendo stato accusato dagli aggressori NATO di essere un criminale di guerra, e morì misteriosamente nel 2006 nella prigione dell'Aja (Paesi Bassi) in cui era rimasto per cinque anni a subire un processo che non poté mai essere concluso se non come appendice di quello a Karadzic. In un libro del 1994 a firma dell'economista sudafricano Hosea Jaffe (1994) viene esposta la tesi della preminente responsabilità della Germania, da poco riunificata, nel processo di frammentazione della Jugoslavia che avrebbe facilitato l'espansione dei suoi mercati. Secondo Jaffe, gli USA avrebbero preferito una Jugoslavia che, seppure riconvertita al capitalismo, fosse stata mantenuta unita, essenzialmente per arginare la potenza tedesca, fatalmente destinata a riemergere con forza dopo la riunificazione. Non sono sicuro che le cose siano andate proprio così e comunque mi pare che nel caos inestricabile della guerra civile jugoslava, non solo l'Europa ma anche gli USA abbiano praticato una sistematica e ben determinata fomentazione accompagnata da una fortissima disinformazione mediatica che valse a presentare al grande pubblico quella tragedia come qualcosa di profondamente diverso da ciò che realmente era stata. Per quanto riguarda l'Italia, ricordo addirittura i comunisti ufficiali appena migrati dal PCI al PdS che ripetevano gli slogan sugli "odi antichi" che, secondo i loro dirigenti, erano improvvisamente esplosi e avevano messo in moto i massacri: una straordinaria sciocchezza messa in giro ad arte per coprire le responsabilità dei mercanti di morte celati sotto il nomignolo paradossale di "neoliberisti" e "liberatori". Del resto, la buona fede di costoro può essere facilmente giudicata considerando che essi accusarono Milosevic della famosa strage di Srebrenica che invece era stata messa in atto proprio dai loro protetti mussulmani bosniaci.

In effetti, nel mese di luglio 2016 il Tribunale Speciale dell'Aja per la ex-Jugoslavia riconobbe infine che il defunto presidente Slobodan Milosevic non era affatto responsabile dei crimini di guerra commessi durante la guerra di Bosnia del 1992-1995. I giudici hanno osservato che è vero che sia Slobodan Milosevic, sia Radovan

40

Karadzic erano entrambi favorevoli alla conservazione dell'unità jugoslava (punto di vista che certamente non può assolutamente essere considerato come criminale in se stesso) ma che successivamente i loro punti di vista si fecero via via sempre più divergenti e che Milosevic tentò in ogni modo di ristabilire la pace.

Inoltre, nei verbali delle riunioni con i Serbi e i Serbi di Bosnia risulta chiaramente e ripetutamente la convinzione di Milosevic che "tutte le etnie jugoslave dovessero essere protette", che "l'interesse della Serbia non fosse la discriminazione" e infine che "i crimini di guerra dovessero essere combattuti con forza".

La conclusione del tribunale internazionale che Slobodan Milosevic fin dall'inizio avesse condannato chiaramente la "pulizia etnica" è di enorme significato. Non si può dimenticare che a Milosevic furono addossate tutte le colpe dello spargimento di sangue in Bosnia e che a causa di questa calunnia la Serbia dovette subire aspre sanzioni economiche. Le false accuse a Milosevic possono essere facilmente confrontate a quelle all'Irak dove infine si trovò che non esistevano affatto armi di distruzione di massa e che l'invasione con i conseguenti massacri era stata del tutto ingiustificata e ingiustificabile. Proprio come l'attacco a Belgrado del 1999.

Questa situazione appare particolarmente grave quando si considera che Slobodan Milosevic fu calunniato da tutta la stampa occidentale asservita alla NATO e fu addirittura definito "il macellaio dei Balcani", fu paragonato addirittura a Hitler e naturalmente accusato di genocidio. Tutto ciò senza una base reale nemmeno minima e dunque solo per giustificare il bombardamento della Serbia del 1999 da parte della NATO nonché l'indipendenza del Kosovo, gestito da una banda di pirati filo islamici che avrebbero fatto qualsiasi cosa per ringraziare e ingraziarsi i loro sponsor.

Molto penoso è anche il fatto che il tribunale speciale per la ex Jugoslavia non abbia ritenuto di pubblicizzare in modo adeguato la assoluzione postuma di Milosevic dai mostruosi crimini a lui addebitati se non inserendo le 1300 pagine a lui riferite nel fascicolo di quasi 2600 pagine di condanna di Radovan Karadzic a 40 anni di carcere. In effetti, la notizia sta circolando nei paesi NATO quasi clandestinamente e la sua diffusione rimarrà, a quanto pare, limitatissima, alla faccia di giustizia e verità. E tutto ciò, nonostante che la morte di Milosevic nel carcere olandese abbia lasciato forti dubbi circa un suo possibile avvelenamento da parte di ignoti.

In conclusione, io credo che la guerra civile e il grande caos in Jugoslavia siano "scoppiati" (per così dire, è chiaro infatti che nulla può scoppiare se non viene prima minato) non solo a causa del tentativo di alcuni di conservare la forma di governo socialista e la ferma determinazione di molti altri di non permettere assolutamente una simile, pericolosa eccezione alla regola stabilita per gli ex paesi comunisti e del resto per tutti gli europei ma anche per la ferma determinazione della NATO di trasformare il paese in una docile base utile ai suoi scopi. Questa ferma determinazione era stata, senza molti dubbi, accuratamente instillata nei protagonisti dagli europei dell'ovest e dagli americani che seguirono attentamente la sequenza degli eventi non badando affatto alla quantità di sangue versato ma piuttosto alla direzione nella quale gli eventi si dovevano muovere, per volontà dei vertici finanz-capitalisti. Era infatti una ferma determinazione di tutti costoro impedire a ogni costo non solo che il paese indugiasse in qualsiasi forma di socialismo ma anche che evitasse il capitalismo keynesiano, considerato ugualmente disastroso ai fini degli "investitori" potenziali che si aspettavano le tre regole magiche del neo-liberismo. La complessità della situazione jugoslava impedì che si potesse procedere a un facile colpo di stato di tipo rumeno che del resto appariva non praticabile anche a causa della enorme superiorità civile e democratica della forma del governo della Federazione Jugoslava rispetto a quella, decisamente rozza, della Romania di Ceausescu. Il risultato fu spaventoso ma altrettanto spaventosa fu la distorsione che se ne fece tradendo in tutti i modi possibili la verità storica in favore di una pseudo-ricostruzione dei fatti che doveva valere a mostrare persino la superiorità morale del sistema capitalistico neoliberistico sopra un socialismo capace

43

soltanto di conservare e moltiplicare l'antico odio inter-etnico di popoli che il socialismo avevano dovuto subire senza averlo mai effettivamente scelto.

Alcuni anni dopo, nel 1999, la NATO prese il pretesto di difendere dalla violenza slava i terroristi kosovari cui la Serbia, con ottimi motivi, non desiderava concedere l'indipendenza per attaccare infine Belgrado con furiosi bombardamenti che provocarono la morte di 2500 civili e il ferimento anche grave di altri 12.500. Nei 2300 attacchi, cui parteciparono anche aerei italiani, vennero distrutti 148 edifici, 62 ponti (uno con il treno che vi stava transitando), 300 scuole, persino ospedali con degenti, partorienti e neonati nonché l'ambasciata cinese uccidendo tre cittadini della repubblica popolare, varie istituzioni statali e private (tra le quali la stessa fabbrica jugoslava della Fiat) e inoltre 176 monumenti di valore artistico e venne infine abbattuto il regime socialista di Slobodan Milosevic, sostituito con un altro filoamericano e tendenzialmente neoliberista. Il danno complessivo fu di 30 miliardi di dollari che naturalmente la NATO non si sognò neppure di riconoscere come ad essa addebitabile. Infine, a conclusione della guerra, duecentomila persone di nazionalità serba residenti in Kosovo furono costrette con la forza ad abbandonare le loro case e le loro proprietà. A fronte di questo disastro geopolitico, le sedicenti ragioni umanitarie dell'alleanza atlantica si sciolgono come neve al sole di fronte a un'analisi appena un po' più approfondita della situazione, come quella tentata da Matteo Zola sulla rivista East Journal del 3 marzo 2010.

La NATO addusse, certo rozzamente ma anche insistentemente, nobili motivazioni umanitarie: liberare il popolo serbo dalla presunta dittatura di Milosevic e, al contempo, soccorrere i kosovari "perseguitati e torturati". Dal 1999 era in corso, infatti, la Guerra del Kosovo, tra l'indipendentista UCK (incoraggiata e armata dagli USA) e la Repubblica Federale Jugoslava guidata da Slobodan Milosevic, ormai ridotta alle sole repubbliche di Serbia (con il Kosovo e la Vojvodina) e Montenegro. L'esercito serbo aveva lanciato una massiccia offensiva contro il cosiddetto esercito di liberazione, che era apertamente sostenuto dal mondo occidentale e dalla NATO, dopo i falliti accordi di Rambouillet. Questi prevedevano un'intesa ad interim della durata di tre anni tali da provvedere a "un'autonomia democratica, pace e sicurezza per tutti gli abitanti del Kosovo". Dopo tre anni si sarebbe dovuta convocare un'assemblea internazionale per definire una soluzione definitiva. Il Kosovo avrebbe così potuto emanare leggi proprie, avere un proprio governo e gestire la sicurezza insieme alla "forza militare Kfor che doveva essere autorizzata a intervenire per garantire la conformità agli Accordi". Inutile dire che l'UCK, movimento per l'indipendenza del Kosovo, sarebbe stato smilitarizzato per poi rientrare dalla finestra, diventando polizia nazionale. Questi accordi furono confezionati dagli Stati Uniti in modo unilaterale, furono sottoscritti a Parigi coi soli rappresentanti kosovari e infine furono proposti il 18 marzo al governo serbo, che li rifiutò. Dopo soli sei giorni, diconsi sei giorni, il 24 dello stesso mese, la NATO iniziò a bombardare Belgrado.

Non potendo ovviamente credere alle motivazioni umanitarie della guerra addotte dagli USA, rimane la domanda sul vero motivo che spinse gli Stati Uniti al pesantissimo intervento. Perché durante la guerra in Bosnia Sarajevo fu lasciata al suo destino, mentre Pristina fu al centro dei pensieri di Washington? La risposta fornita da Matteo Zola (2010) si chiama *Ambo*, e sta per *Albanian Macedonian Bulgarian Oil*, entità societaria registrata negli USA per costruire un oleodotto da 1,1 miliardi di dollari (noto anche come Trans-balcanico) destinato a portare il petrolio dal Mar Caspio a un terminal in Georgia. Da lì verrebbe trasportato via nave attraverso il Mar Nero fino al porto bulgaro di Burgas per poi attraversare la Macedonia fino al porto albanese di Vlora. La guerra della Nato voluta da Clinton contro la Jugoslavia, secondo Zola, era cruciale per l'accesso strategico a Vlora, dove il greggio doveva essere imbarcato sulle petroliere dirette alle raffinerie statunitensi sulla West Coast. Va detto che lo studio originale di fattibilità dell'Ambo, che risale al

1995, è stato condotto dalla Kellogg, Brown and Root, una sussidiaria dell'Halliburton, compagnia che si dice vicina al vice presidente Dick Cheney, un personaggio ben noto per questo genere di affari, evidentemente non osteggiati dai massimi responsabili del Pentagono e della Casa Bianca. L'Ambo si accorda infatti con la griglia energetica perseguita da Cheney (e, prima di lui, da Richardson, ministro per l'Energia di Clinton), volta a escludere la Russia dalla competizione energetica. Anche il Vaticano, presieduto in quel tempo da Karol Wojtyla, appellandosi all'aberrante e anche ipocrita concetto del *bellum iustum*, credette o forse finse di credere al dossier americano sul Kosovo e accettò e anzi promosse i bombardamenti su Belgrado e anche D'Alema, allora capo del governo italiano, non esitò a dare il suo nulla osta a un'operazione militare della NATO decisa al di fuori dell'ONU, cosa che non succedeva dalla fine della seconda guerra mondiale. Queste ultime circostanze suggeriscono tuttavia motivazioni più profonde di quelle, in fondo abbastanza triviali, di un semplice oleodotto. Secondo me, si trattava soprattutto di distruggere l'ultimo regime socialista europeo, di bruciare la possibilità che il suo successo potesse fungere da esempio per contrastare l'inferno neoliberista che si stava rapidamente creando nel vecchio continente e che i suoi fautori forse temevano che avrebbe incontrato una dura opposizione da parte dei cittadini europei. Gli Stati Uniti avevano

47

deciso che il socialismo dovesse scomparire dall'Europa come se non fosse mai esistito e avevano creato un futile pretesto per sradicarlo dalla Jugoslavia, per distruggere con incredibile accanimento e con marchio di infamia il paese che aveva ospitato l'esperimento socialista di maggiore successo della storia europea. Solo che il marchio di infamia è rimasto e sempre rimarrà soltanto sulla NATO. Che oggi sta gettando l'ultimo residuo della sua maschera accogliendo nelle sue braccia, dopo la Croazia, la Slovenia e il Kosovo, anche il piccolo Montenegro con soli seicentomila abitanti e un presidente noto al mondo, così come quello del Kosovo Hashim Thaci, per la sua carriera criminosa di trafficante di droga e di organi umani. Spazio per basi militari, comunque, ce n'è più che a sufficienza.

II. Finanz-capitalismo

4. FINANZ-CAPITALISMO: ORIGINI E SVILUPPO

Il prodotto più rilevante, e anche il più mostruoso, del periodo relativamente breve in cui il mondo è stato ridotto a una condizione quasi unipolare (1990-2005) è stata l'invenzione del finanz-capitalismo, una entità che oggi ci sta dominando in misura sempre maggiore ma sulla quale la maggior parte della gente ignora praticamente tutto, persino l'esistenza. Dovrò pertanto spiegare di che cosa si tratta e per farlo mi baserò essenzialmente sul libro dall'omonimo titolo del sociologo italiano Luciano Gallino che vi ha descritto questa "cosa" con grande lucidità e competenza.

Fino al 1989, in Europa la gente pensava che esistessero solo due possibili sistemi economici tra i quali fosse possibile scegliere un sistema politico: capitalismo da un lato e socialismo dall'altro: da un lato l'iniziativa privata di un pugno di pionieri disposti a rischiare tutto, dall'altro il potere economico e burocratico dello stato, sulla cui efficienza ben pochi sarebbero stati disposti a scommettere. In ogni caso la grande maggioranza delle persone che credevano nell'uno o nell'altro sistema, in Europa, era convinta della necessità di un sistema generalizzato di assistenza pubblica che consentisse a tutti di affrontare difficoltà come malattie, incidenti, disoccupazione, cessazione del lavoro e simili. In altre parole, in Europa, il capitalismo si sviluppò storicamente come keynesiano, cioè moderato dalle concezioni di economia mista del britannico John Maynard Keynes.

La polarizzazione del dibattito sulla dicotomia socialismo/capitalismo impedì alle grandi masse popolari di rendersi conto del fatto che, dopo la caduta di Gorbaciov, la storia economica dell'occidente aveva preso una piega molto particolare: nel totale silenzio delle istituzioni, il tradizionale capitalismo aziendale produttivo e keynesiano (cioè mitigato da robusti interventi partecipativi e correttivi dello stato, secondo la dottrina economica di Keynes) veniva rapidamente rimpiazzato dal finanz-capitalismo.

Nel suo brillante e chiarissimo libro, Gallino spiega che il finanz-capitalismo è una mega-macchina sociale costruita con lo scopo di estrarre valore. Tale mega-macchina sociale è stata sviluppata nel corso degli ultimi decenni allo scopo di massimizzare e accumulare

51

sotto forma di capitale (cioè di potere, dato che il capitale è anche potere) il valore estraibile sia dal maggior numero possibile di esseri umani sia dagli ecosistemi. Sia ben chiaro che l'*estrazione* di valore è un processo del tutto diverso dalla *produzione* di valore. "Si produce valore" scrive Gallino, "quando si costruisce una casa o una scuola, si elabora una nuova medicina, si crea un posto di lavoro retribuito, si lancia un sistema operativo più efficiente del suo predecessore, si piantano alberi. Per contro si estrae valore quando si provoca un aumento del prezzo delle case manipolando i tassi di interesse o le condizioni di mutuo, quando si impone un prezzo artificialmente alto a una nuova medicina, quando si aumentano i ritmi di lavoro a parità di salario, quando si impedisce a sistemi operativi concorrenti di affermarsi, per esempio vincolando la vendita di un computer all'acquisto di quel sistema, quando si distrugge un bosco per farne un parcheggio."

In questo processo di produzione di capitale dal capitale senza necessità di produrre merce come intermedio, il capitale accresce costantemente se stesso e il potere che esso implica. Il capitale – ribadisce Gallino – è potere, potere di decidere cosa produrre, dove produrlo e in quale quantità, il potere di controllare quante persone possono contare su un lavoro e quante invece sono da considerare come esuberi, il potere di organizzare le modalità del lavoro, il potere di decidere i prezzi degli alimenti di base (che, a loro volta, determinano il numero degli affamati), di decidere le linee della ricerca medica, persino di dichiarare proprietà privata un genoma brevettato (dopo essere stato frettolosamente e solo minimamente modificato rispetto a quello selvatico) di organismi viventi con una storia evolutiva di miliardi di anni.

Oltre a pretendere di produrre danaro dal danaro senza la produzione intermedia di merci, il finanz-capitalismo pretende anche di produrre danaro in quantità decisamente più elevata rispetto a quello prodotto con i metodi tradizionali. A fronte di un rendimento del 3-4% di questi ultimi, i cosiddetti fondi comuni, fondo bancario "innovativo", promette un rendimento del 15%, i cosiddetti *private equity funds* (specializzati nell'acquisto di aziende che vengono poi rivendute pezzo per pezzo) promettono addirittura il 20% e altri fondi ancora che operano nel settore alimentare arrivano a promettere il 25%.

Poiché tuttavia i rendimenti dei cosiddetti derivati non possono in teoria superare la ricchezza effettivamente prodotta, come è possibile che questi fondi operino simili miracoli? Il fatto è che tali risultati vengono ottenuti "manipolando prezzi a scopi speculativi" e cioè abbassando i salari, privatizzando i servizi statali e delocalizzando industrie in paesi in via di sviluppo. Quando questi tipi di manipolazione risultano non più praticabili, si può sempre ottenere un rendimento elevato in forma di "bolla" finanziaria passibile di esplodere e lasciare in braghe di tela i suoi ultimi possessori. Un buon economista giudicherebbe questo secondo sistema di rendimento semplicemente come una bolla inflattiva. Una persona ignara degli usi del mondo finanziario parlerebbe di truffa pura e semplice.

Il braccio operativo del finanz-capitalismo è il sistema finanziario di cui esso si è dotato, costituito da almeno tre componenti interconnesse. La prima componente, operante alla luce del sole, è il cosiddetto "sistema bancocentrico", così chiamato per sottolineare che le istituzioni in esso dominanti sono soprattutto grandi banche che tuttavia non sono affatto le banche tradizionali note al pubblico, dato che appaiono inestricabilmente connesse con compagnie di assicurazione e con altre società operanti "in almeno una dozzina di altri settori" di attività differenti, ben lontane da quello originario, e in ciascuno di questi controllano decine se non centinaia di altre società. Ci troviamo, dunque, di fronte a immense reti societarie nelle quali si intrecciano inestricabilmente sia varie funzioni, sia diversi titoli di proprietà.

La suddetta componente bancocentrica, per quanto complessa e ingarbugliata, è comunque composta da società ufficialmente registrate, dotate di personale e dirigenti dotati di nome e cognome e dunque facilmente individuabili, nonché di un bilancio ufficiale in cui sono registrate tutte le voci che compongono gli attivi e i passivi. Per contro, esiste anche una seconda componente del sistema che si trova a essere priva di tutti i caratteri suddetti sicché le sue attività sono ben difficili da analizzare, anche quando vi venga profuso l'impegno di autentici esperti. Questa componente viene chiamata *finanza-ombra* ed è formata da enormi quantità di derivati nonché da migliaia di società prive di autentica sostanza organizzativa e costituite al solo scopo di veicolare fuori bilancio attivi che invece dovrebbero figurarvi e da altre migliaia di intermediari più o meno fasulli specializzati nel confezionare e vendere soprattutto a investitori istituzionali titoli obbligazionari estremamente complicati formati da un gran numero di altri titoli, centinaia di trilioni di dollari che vengono in tal modo scambiati al di fuori di qualsiasi registrazione in borsa. In forza di queste caratteristiche, la finanza-ombra risulta assolutamente invisibile anche alle autorità di vigilanza e quindi non regolabile.

La terza componente di questo viscido sistema finanziario è costituita appunto dagli *investitori istituzionali*, fondi pensione, fondi di investimento, compagnie di assicurazione e fondi comuni speculativi. Queste sono una delle maggiori potenze economiche del nostro tempo dato che gestiscono un capitale di oltre 60 trilioni di dollari, equivalente al Pil del pianeta nel 2009. Le loro strategie di investimento influenzano sia le sorti delle grandi aziende multinazionali, sia i bilanci statali.

Gli investitori istituzionali agiscono a cavallo delle altre due componenti della finanza. Soltanto in Italia, dove i fondi pensione sono ancora relativamente modesti, il capitale da essi depositato nelle banche valeva, nel 2013, 70 miliardi di euro. Inoltre, gli investitori istituzionali acquistano e vendono ogni giorno quantità immense di azioni e di obbligazioni emesse dal sistema bancario. In questo modo, osserva Gallino, i crediti delle banche escono decisamente dai relativi bilanci per diventare titoli commerciabili.

"In forza delle tre componenti suindicate che formano il suo braccio operativo e hanno avuto un esorbitante sviluppo a partire dagli anni '80 del secolo scorso", continua Gallino, "la mega macchina del finanz-capitalismo è giunta ad asservire ai propri scopi di estrazione del valore ogni aspetto come ogni angolo del mondo contemporaneo. Un simile successo non è dovuto a un'economia che, con le sue innovazioni, ha travolto la politica bensì a una politica che ha identificato i propri fini con quelli dell'economia finanziaria, adoperandosi con ogni mezzo per favorire la sua ascesa. In tal modo, la politica ha abdicato al suo compito storico di incivilire, governando l'economia, la convivenza umana. Ma non si è limitata a questo. Ha contribuito a trasformare il finanz-capitalismo nel sistema politico dominante a livello mondiale, capace di unificare le civiltà pre-esistenti in una sola civiltà-mondo e, al tempo stesso, di svuotare di sostanza e di senso il processo democratico."

È semplicemente questo e niente altro la cosiddetta "globalizzazione" di cui molti si riempiono la bocca senza sapere neppure di che cosa si parla.

Cerchiamo ora di spiegare in parole povere cosa sia successo. Sotto gli occhi ignari dei popoli, che ricevevano soltanto notizie di "inevitabili privatizzazioni" e di "urgenti riforme" di leggi preesistenti sul lavoro e sulla assistenza mutualistica e pensionistica ai lavoratori, negli ultimi 25-30 anni è avvenuto un impressionante processo di appropriazione ingiustificata e spesso anche violenta e truffaldina di tutti i beni del mondo occidentale e di gran parte del mondo rimanente da parte di un'entità finanziaria incorporea ma reale e micidiale tanto quanto la *Spectre* di James Bond. Questa entità ha aggredito e sostanzialmente abrogato gli stati nazionali la cui attuale, formale sussistenza rappresenta soltanto un'ombra di ciò che essa fu nel passato. Entità incorporea e intricata ho detto e tuttavia entità, a ben vedere, largamente controllata da pochissime persone umane – da un centinaio a un migliaio mi sembra di potere valutare – che, con tutti i dirigenti e gli impiegati delle loro *holdings,* compresi i membri dei parlamenti degli stati nazionali e la stampa "libera" di regime, arrivano forse a un milione di persone. Più alto è, naturalmente, il numero di coloro che sono in qualche modo avvantaggiati da questa situazione, alcuni milioni di milionari sparsi in tutto il mondo che tuttavia non solo non detengono alcun potere ma non fanno neppure parte del personale che direttamente o indirettamente assiste coloro che detengono effettivamente il potere.

Come hanno fatto, dunque, i pochissimi che detengono il potere reale ad acquisirlo, espanderlo e mantenerlo? La risposta è: innanzi tutto (1) per mezzo della *corruzione*, in secondo luogo (2) per mezzo della *truffa del debito*, in terzo luogo (3) per mezzo della *disinformazione*, in quarto luogo (4) per mezzo del *terrorismo*, in quinto luogo (5) per mezzo della *guerra*. Come abbiamo già visto, infatti, il capitale è potere e il potere permette di realizzare tutto questo. È necessario, a questo punto, spiegare passo per passo tutte le affermazioni qui sopra elencate.

5. FINANZ-CAPITALISMO: GESTIONE DEL POTERE

Come si è detto in chiusura del capitolo precedente, il potere dei sedicenti neoliberisti viene gestito con metodi quasi sempre sleali e immorali, spesso anche illegali e violenti.

1. *Corruzione.* La corruzione è il metodo principale che il padrone usa nei confronti dei servi per assicurarsene la fedeltà a spese dei sottoservi e del popolo bue. Quando questi servi scelti appaiono ormai troppo sicuri di sé e non più affidabili, allora può essere il caso di buttarli tutti a mare e sostituirli con qualcosa di nuovo. Questo è ciò che accadde in Italia nel 1989, quando un'improvvisa inchiesta poi denominata "Mani pulite", spuntata improvvisamente dal nulla, spazzò via la massa dei maggiorenti della DC e del PSI (i partiti al potere a quel tempo) aprendo la strada a un

governo del PdS, l'erede del PCI ormai dichiaratamente non comunista e anzi proprio anticomunista. La situazione si complicò a causa della inesperienza dei rappresentanti del PdS che, con le loro dichiarazioni avventate, spaventarono Silvio Berlusconi, uno dei maggiori imprenditori italiani, spingendolo a "scendere in campo" con la fondazione di "Forza Italia", un nuovo partito di centro-destra. L'evento ebbe luogo nel mese di gennaio 1994, Berlusconi vinse le elezioni politiche ma già a dicembre emersero dissensi, a mio parere strumentali, con l'alleato leghista Bossi, sicché il suo primo governo cadde dopo pochi mesi e fu sostituito dal governo Dini nel quale il PdS e i resti del partito cattolico erano sostenuti dall'esterno dalla Lega. In questa vicenda è difficile non intravedere l'intervento di forze esterne che, a causa del notevole potere economico personale di Berlusconi, non vedevano di buon occhio un governo da lui diretto. Singolare appare, in effetti, l'ostinazione del presidente della repubblica Scalfaro a esigere *par condicio* nella visibilità televisiva di "Forza Italia" e dello stesso Berlusconi, quando poi, alcuni anni più tardi, giunti al potere altri personaggi, questi concetti sono stati del tutto dimenticati e oggi appaiono persino bizzarri. La corruzione è l'arma che ogni padrone usa per mantenere il controllo dei suoi servi e anche per accusarli nel caso in cui questi incominciassero a scalpitare e a pretendere in qualche misura indipendenza. Il ben noto giornalista e studioso di economia politica Paul Craig Roberts, in una intervista in cui gli fu chiesto come fa Washington a mantenere un controllo tanto perfetto su alleati dei cui interessi pare disinteressarsi completamente, commentò che lo fa per mezzo della corruzione. Questo è un sistema che in Italia è ben noto e che non comporta neppure un pagamento diretto di *tangenti* a certe persone che svolgono determinati servizi. Basta facilitare in misura maggiore o minore (a seconda delle esigenze) la loro visibilità e la loro possibilità di guadagnare soldi e potere, basta agire sulla magistratura nella quale si troverà sempre qualcuno ben disposto a colpire gli avversari per ragioni inconsistenti e invece dimostrarsi freddi di fronte ad accuse serie che possono sempre essere ignorate. Gli unici ex presidenti del consiglio dei ministri che dimostrarono un certo coraggio e una certa indipendenza nei confronti dei diktat USA furono Bettino Craxi e Giulio Andreotti che oggi, per via dei processi subiti, vengono ricordati rispettivamente come un ladro e un mafioso, definizioni sostanzialmente false anche nel caso in cui le accuse ad essi lanciate fossero risultate genuine. E

61

anche Romano Prodi, che rifiutò di aggredire e bombardare Belgrado , e quindi fu sostituito da D'Alema per questo lavoro non solo sporco ma autenticamente infame, fu emarginato dal suo partito e anche dalla massa degli italiani che mi pare che di lui ricordino soltanto il suo nomignolo di "mortadella" appioppato dagli avversari politici.

2. *Truffa del debito.* L'ingegnosa truffa internazionale del debito sovrano ha costituito, insieme con la corruzione, il metodo più importante mai escogitato per mantenere sotto controllo il popolo del cosiddetto "mondo occidentale" che oggi, oltre all'Europa, comprende il Canada, l'Australia, la Nuova Zelanda e persino il Giappone. Il debitore perde la sua autonomia politica perché il creditore gli imporrà di scegliere soluzioni politico-economiche che, secondo il suo giudizio, gli permettano di pagare regolarmente le rate del suo debito. Non importa che queste soluzioni siano ragionevoli o che addirittura contribuiscano a peggiorare la situazione economica del debitore. Se il creditore è interessato a mantenere il debitore in uno stato di servitù ancor più che a riprendere i suoi soldi, cercherà continuamente di peggiorare la sua situazione. Ebbene, a questo scopo, un'invenzione geniale, nella sua estrema

malignità, è costituita proprio dai complessi "derivati" che la finanza offre agli "investitori istituzionali", cioè a quelli che un tempo si chiamavano "stati sovrani". I derivati sono titoli talmente complessi nelle loro speranze di dare reddito oppure di provocare perdite da risultare sconsigliabili per qualsiasi persona o ente che desideri vederci chiaro nel suo investimento. Personalmente, anzi ritengo che l'esagerata complessità di questi titoli derivati comporti anche il rischio di una pura e semplice truffa, nel senso che all'acquirente potrebbe essere comunicato che le cose sono andate male senza che questi possa effettivamente controllare la veridicità di una tale affermazione. Perché mai, allora, gli investitori istituzionali hanno investito fior di miliardi in questo modo demenziale? È impossibile rispondere a una tale, logica, domanda in un modo che abbia senso, a meno che non si ammetta che le persone incaricate di investire i miliardi pubblici fossero straordinariamente stupide e incompetenti oppure siano state corrotte e abbiano ottenuto grossi vantaggi personali per assicurare senza serie garanzie il piazzamento di quei titoli che successivamente la stampa avrebbe definito "tossici", cioè titoli che non offrivano prospettive concrete di conservare il danaro pubblico ottenuto per mezzo delle tasse ai cittadini e invece rischiavano di polverizzarlo aumentando in misura enorme il debito e i relativi interessi che si sarebbero dovuti pagare. Grazie alla cosiddetta finanza strutturata, i derivati, hanno anche sottratto dai conti dello Stato alcuni indicatori scomodi con il seguente meccanismo: lo Stato scambia con la banca una parte del debito contro moneta per un determinato periodo di tempo, quando entrambi si impegnano a restituire quanto avuto. In questo modo il debito scompare dai bilanci ma rimane pur sempre in vita. Alla scadenza il contratto si rinnova e quindi si protrae ancora nel tempo lo scambio, con interessi via via sempre crescenti. Per mezzo di questi e di altri meccanismi che sarebbe troppo lungo e soprattutto troppo complicato tentare di spiegare ma che non è affatto esagerato definire scorretti, il sistema finanziario ha finito per incorrere in una profonda crisi originata dall'eccessivo ammontare di debito che aveva creato sia a carico di se stesso, sia a carico del settore privato, soprattutto delle famiglie, incoraggiate dal danaro facile a spese superiori alle loro possibilità. Nei primi tre anni della crisi (2008-2011), gli stati si sono visti costretti a usare qualcosa come 15.000 miliardi di dollari per salvare dal fallimento le maggiori banche di affari e compagnie di assicurazione. Come ringraziamento per questo salvataggio, i mostri finanziari rimessi in forze, dopo un solo anno, sono ripartiti all'attacco degli stati che si erano troppo indebitati proprio per riparare nei limiti del possibile i loro guasti buttando sul piatto delle scommesse non solo monete, azioni e obbligazioni ma anche salari, condizioni di lavoro, sicurezza alimentare, sanità, previdenza sociale, istruzione, diritti umani, qualità della vita e contenuti reali della democrazia. In pratica, il mostro finanziario ha spinto la crisi economica fino a trasformarla in una vera e propria crisi di civiltà. In pratica, argomenta l'economista Antonino Galloni, tutto ciò che è stato compiuto o avallato dai governi dei paesi cosiddetti occidentali in questi ultimi trentacinque anni (indebolimento degli Stati nazionali, impoverimento e depredamento della popolazione) costituisce un vero e proprio crimine contro l'umanità e, come tale dovrebbe essere trattato, cioè, le persone responsabili dovrebbero essere processate. In altri termini, non appena si riuscirà a uscire dal pantano politico-economico in cui la finanza internazionale ci ha cacciato appare proponibile organizzare una sorta di nuovo processo di Norimberga, onde evitare che in un domani sempre più prossimo, i responsabili di questi crimini che hanno provocato enormi sofferenze umane possano mimetizzarsi e scomparire del tutto. Oggi, in Italia, ad esempio, su 60 milioni di abitanti, circa 20 milioni versano in miseria, altri 20 arrivano con difficoltà a fine mese ed il restante – pur tendendo a diminuire – riesce a riempire cinema e ristoranti, col risultato di far sottovalutare la gravità della crisi infinita in cui ci si trova. Più si taglia la spesa pubblica per ridurre le tasse (la cui pressione è eccessiva, per chi le paga) e più si riduce il Pil; col risultato che, poi, mancano le risorse per tagliare le tasse: si bloccano i contratti dei pubblici dipendenti ed il loro normale avvicendamento col risultato che peggiorano i servizi essenziali e, quindi il popolo – oltre a pagare tasse sempre in crescita – deve spendere di più, impoverendosi, per mandare i figli a scuola o curarsi o viaggiare. "Però", scrive l'economista Antonino Galloni, "se si tagliano le spese per ridurre le tasse e si ottiene invece l'esatto contrario, una ragione forse c'è: i debitori (famiglie, imprese e Stati) devono stare sempre peggio, perché l'attuale criminoso modello economico si basa non sulla redditività finanziaria, ma sulle emissioni dei titoli (derivati, derivati su derivati, titoli tossici di tutti i tipi) e, quindi, meno i debitori potranno ripagare i loro impegni e maggiore sarà l'accelerazione delle emissioni derivati a carico degli stati sovrani che saranno conseguentemente invitati a cedere sovranità e beni e diventare semplici filiali della nuova *Spectre*.

Il colpo di grazia alla possibilità stessa di evitare debiti, anche nel caso improbabile di una totale virtuosità risparmiatrice da parte dei governi venne tuttavia assestato con un articolo del trattato di Maastricht (1992, articolo 104) poi confermato nelle modifiche del trattato di Lisbona (2007, articolo 123), disposizioni che del resto riprendevano alcune leggi sedicenti tecniche degli stati nazionali europei risalenti addirittura agli anni '70, le cui conseguenze, evidentemente, non erano state pienamente comprese dai governanti che le avevano firmate. Tali articoli stabiliscono il divieto per la BCE (Banca Centrale Europea) di prestare danaro agli Stati sicché, quando questi hanno bisogno di moneta (che non possono più battere dato che fanno parte di una unione monetaria) si vedono costretti a sottoscrivere prestiti con i mercati o con istituti finanziari privati pagando tassi di interesse variabili ma sempre "di mercato" e non "privilegiati". Sono invece soltanto gli istituti finanziari privati (alias le banche) che hanno il diritto di prendere a prestito danaro dalla BCE a tassi "privilegiati" (meno dell'1%) per poi prestarlo agli Stati cosiddetti sovrani a un tasso generalmente variabile tra il 3,5% e il 7%. Difficile commentare questa situazione senza scendere nella volgarità e dunque rinuncerò a farlo. Infine, non si può dimenticare che il debito pubblico degli Stati non è paragonabile a quello delle famiglie nella loro vita quotidiana ma piuttosto nelle loro spese eccezionali come l'acquisto di una casa, di una automobile o di un negozio. Lo Stato ha bisogno di fare grandi investimenti sia per il futuro del paese sia per far muovere la macchina economica che altrimenti rischia di ristagnare e andare in recessione. Nessuno critica un privato che si accolla un debito di centomila euro pagabile in dieci o quindici anni per acquistare una casa di abitazione e così nessuno dovrebbe criticare un governo che contrae un prestito di cinquanta o cento miliardi per mettere in moto iniziative essenziali per la sua vita economica. Lo Stato, tuttavia, in forza delle regole comunitarie, non può contrarre prestiti per somme superiori al 60% del suo Prodotto interno lordo. È come se a un privato con un reddito di trentamila euro all'anno fosse proibito di contrarre prestiti superiori a un totale di diciottomila euro, in pratica rendendogli impossibile di acquistare una casa o magari iniziare un'attività economica. Inoltre, mentre il privato cerca attentamente la banca disponibile a prestargli il danaro al tasso più favorevole, diciamo intorno al 2%, gli Stati si trovano a sbattere il loro muso virtuale contro le cosiddette *agenzie di rating* che si prendono la briga di valutare (non è ben chiaro su quali basi) la loro solvibilità e di offrire danaro a tassi variabili in rapporto ad essa. Pertanto, mentre un paese come la Germania può ricevere prestiti a un tasso intorno al 3%, per la Grecia si è arrivati fino al 15% e questo, senza sottovalutare gli errori dei governanti greci, è stato il motivo fondamentale delle gravissime difficoltà economiche in cui è incorso questo paese.

3. *Disinformazione.* Televisione, radio, giornali forniscono ormai un'informazione strettamente selezionata, potata, depurata e distorta secondo i desideri di chi detiene il potere. Chi si informa unicamente per mezzo di questi *media* finisce per avere una visione delle cose profondamente deformata rispetto alla realtà. La situazione è decisamente peggiorata negli ultimi 25-35 anni, cioè da quando il finanz-capitalismo ha preso piede sostituendo praticamente qualsiasi altro sistema politico. La Jugoslavia fu attaccata e cinicamente smembrata provocando anche la morte di un milione di persone e gettando nella polvere un paese che aveva conseguito notevoli progressi economici e

sociali, e il tutto è avvenuto per levare di mezzo una pericolosa pietra di paragone e anche conquistare un interessante mercato. Non solo il socialismo è andato completamente fuori di moda in tutto il continente europeo, tanto da mettere in seria difficoltà i partiti di sinistra che ad esso si richiamavano, ma anche il capitalismo di stile keynesiano (dalla dottrina dell'economista inglese John Maynard Keynes) ha subìto un'assurda e ingiusta svalutazione mediatica, considerando che nei paesi in cui era stato applicato (Italia compresa) era andato benissimo. La distorsione in un'unica direzione dell'informazione è ben documentata da un lato dalla vicenda del quotidiano del PCI (Partito Comunista Italiano), *l'Unità*, dall'altro dal quotidiano indipendente *Repubblica,* nato nel 1976. Quello dell'Unità è il caso più semplice e, in un certo senso, anche più volgare tra i due. Il quotidiano fu fondato nel 1924 da Antonio Gramsci come voce del partito comunista, fu pubblicato in clandestinità per diciotto anni (1927-1944) durante il periodo fascista e infine riprese le normali pubblicazioni che, in veste di quotidiano di partito, continuarono fino al 1991, quando il PCI venne sciolto. Da questo momento il giornale continuò a esistere come "quotidiano indipendente" che purtroppo non fece altro che passare di mano in mano e da una crisi all'altra. Infine, l'ultima versione del giornale andò in fallimento e al suo ultimo direttore, Concita De Gregorio, venne richiesto il pagamento dei 400 mila euro di debiti che ricadevano su di lei per responsabilità solidale. Scrive a questo proposito la giornalista: "Non sono mai stata chiamata in tribunale, né mi è mai stato chiesto di produrre carte con una difesa adeguata, se fossimo stati in grado di produrre le carte sulla base delle quali si fondavano gli articoli avremmo vinto e sono sicura che vinceremo in appello". L'anticipazione del Corriere della Sera dell'inchiesta televisiva di Report **di Milena Gabanelli** sul fallimento del quotidiano fondato da Gramsci lascia l'amaro in bocca. Non solo la De Gregorio, anche altri ex giornalisti de L'Unità hanno ricevuto pignoramenti e ingiunzioni di pagamento. Il motivo? Pagare i debiti della società editrice che intanto è scomparsa. Nel frattempo, però, l'Unità è rinata dalle sue ceneri come giornale del regime renziano, con un nuovo direttore, una nuova linea disinvoltamente neoliberista e filogovernativa e un nuovo conto economico miracolosamente esente dai debiti pregressi. Io sarò forse un ingenuo ma questa mi pare un'operazione ideologicamente indecorosa e moralmente piratesca. Non so se sia stato tutto legale, immagino di sì,

71

ma certamente non mi basta per non provare un profondo disgusto.

Su *Repubblica*, invece, c'è poco da dire: si tratta di un giornale fondato da Eugenio Scalfari che, fin dall'inizio (1976), è sempre andato molto bene, prendendo per mano il lettore radical-chic di quel tempo e accompagnandolo via via verso destra, man mano che in questa direzione si muoveva l'assetto politico internazionale che, dopo il 1991, ha decretato la privatizzazione di tutto il possibile. Il quotidiano suddetto ha facilitato l'accettazione da parte di un pubblico blandamente progressista di una politica regressiva dei partiti di sinistra, considerata semplicemente come realista e inevitabile, quando non lodata con diverse scuse francamente assurde, dato il disastro da essa provocato anche a livello internazionale. Quotidiani di questo tipo danno la falsa impressione di seguire gli umori del popolo quando invece in effetti li determinano giorno dopo giorno

Ancora più evidente è la distorsione dell'informazione da parte della TV-spazzatura, nella quale purtroppo vanno annoverati, in misura maggiore o minore, tutti i telegiornali sia governativi sia di canali privati, perlomeno in Italia ma, a giudicare dalle affermazioni di alcuni coraggiosi giornalisti

72

esasperati della situazione, anche di altri paesi europei, erroneamente considerati come "liberi". Questi TG selezionano le notizie mandando in onda soltanto quelle gradite al padrone e comunque distorcendo qualsiasi notizia in modo da fare apparire il proprio padrone come buono e quello di altri come cattivo. Particolarmente evidente e francamente anche offensiva è, in questo momento, l'insistenza con cui il premier in carica si affaccia quotidianamente sugli schermi televisivi per raccontare piccole favole che qualsiasi economista dotato di un minimo di senso critico potrebbe facilmente fare apparire per quello che sono.

4. *Terrorismo*. Il terrorismo è un approccio di azione violento, mirato a colpire persone completamente innocenti, da guerra fredda che, nonostante le vuote parole di condanna da parte occidentale, viene normalmente praticato da molti "insospettabili" per ottenere ciò che si desidera. Non va dimenticato, per esempio che il terrorismo venne pesantemente praticato dai coloni ebrei in Palestina per ottenere il riconoscimento dello stato di Israele nel 1948. **Negli anni precedenti, vari gruppi ebraici come l'Irgun Zwei Leumi e il Lehi o Gruppi Duri extremist, iniziarono**

contemporaneamente una campagna brutale di assassini, di bombardamenti, sequestri di persona, minacce, disordini e sabotaggio. Durante la II Guerra Mondiale il movimento sionista chiarì definitivamente il suo obiettivo di uno stato dominante ebraico in Palestina. Dopo il 1945 gli ebrei intensificarono la campagna di terrore per espellere l'elemento britannico, accusato ormai apertamente di simpatie pro-arabe. Nel 1947, l'Assemblea delle Nazioni Unite stabilì la creazione di uno Stato ebraico e di uno Stato arabo in Palestina, con la città di Gerusalemme sotto l'amministrazione diretta dell'ONU. La dichiarazione venne accolta con favore dagli ebrei, mentre gli Stati arabi proposero a quel punto la creazione di uno Stato unico federato, con due governi. Tra il dicembre del '47 e la prima metà di maggio del '48 furono messe in atto cruente azioni di guerra civile da ambo le parti, poi scoppiò la prima guerra arabo-israeliana per iniziativa degli arabi subito dopo la proclamazione dello stato ebraico e poi ancora l'infinita serie di azioni terroristiche da ambo le parti alle quali ancora oggi non si riesce a porre fine anche a causa della sperticata difesa di qualsiasi azione di Israele da parte degli USA.

Il terrorismo fu anche usato in Italia non si sa bene da parte di chi e a quale scopo, ma io personalmente propendo dai servizi segreti nazionali "deviati" e degli USA, come minaccia di avvertimento del caos che sarebbe potuto succedere nel paese nel caso in cui fosse andato al governo anche il partito comunista. Difficile leggere in altro modo, d'altra parte, la strage di piazza Fontana a Milano nel 1969 con 17 morti e 88 feriti nonché quella alla Stazione Centrale di Bologna nel 1980 con 85 morti e circa 200 feriti. In entrambi i casi, le indagini apparvero ben presto depistate e focalizzate su gruppetti eversivi di estrema destra che difficilmente sarebbero stati in grado di realizzare azioni del genere senza un forte supporto di autentici esperti del settore. Si noti, per esempio, **che il maestro venerabile Licio Gelli, della loggia massonica P2, poi condannato per depistaggio delle indagini, incredibilmente dichiarò che l'esplosione era stata causata da un mozzicone di sigaretta caduto accidentalmente su una cassetta contenente esplosivo.**

Un altro atto di pesante terrorismo considerabile probabilmente nello stesso quadro dei suddetti fu il rapimento di Aldo Moro (1978) da parte delle Brigate Rosse, per realizzare il quale furono uccise cinque persone della scorta (due carabinieri e tre poliziotti) con una perizia militare incredibile per persone che non fossero state opportunamente addestrate. Più tardi fu assassinato a freddo lo stesso Aldo Moro, forse sotto la pressione psicologica di elementi infiltrati che desideravano trascinare le Brigate Rosse su un territorio a loro (infiltrati) più congeniale. Su questo punto molto si è detto e si è scritto e quindi mi limiterò a riportare alcuni dati di fatto. In primo luogo, l'ex vicepresidente del Consiglio Superiore della Magistratura ed ex vicesegretario della Democrazia Cristiana Giovanni Galloni, il 5 luglio 2005, in un'intervista nella trasmissione NEXT di Rainews24, disse che poche settimane prima del rapimento, Moro gli aveva confidato, discutendo della difficoltà di trovare i covi delle BR, di essere a conoscenza del fatto che sia i servizi americani sia quelli israeliani avevano alcune persone infiltrate nelle BR, ma che gli italiani non erano tenuti al corrente di queste attività che sarebbero potute essere di grande aiuto nell'individuare i covi dei brigatisti. Galloni sostenne anche che vi furono parecchie difficoltà a mettersi in contatto con i servizi americani durante i giorni del rapimento, ma che alcune informazioni potevano comunque essere arrivate dagli USA. La vedova di Aldo Moro interrogata dal presidente del tribunale Severino Santiapichi al primo processo contro il

76

nucleo storico delle BR, dichiarò che suo marito era inviso agli USA fin dal 1964, quando era stato varato il primo governo di centro-sinistra e che più volte era stato "ammonito" da esponenti politici d'oltreoceano a non violare la cosiddetta "logica di Yalta". Per bilanciare lo spostamento a sinistra, sgradito agli USA, dell'asse di governo, Moro si adoperò per favorire l'elezione di Antonio Segni, uomo contrario a ogni intesa con le sinistre e particolarmente gradito agli americani, alla presidenza della Repubblica.

L'esperto statunitense Steve Pieczenik - che ufficialmente coordinava il collegamento tra i servizi segreti americani e gli omologhi italiani - ha ribadito - in un'intervista concessa a Gianni Minoli su "Radio 24" le rivelazioni già esposte nel 2008 in un suo libro, ovvero che il suo compito effettivo fosse quello di "manipolare a distanza i terroristi italiani così da far in modo che le BR uccidessero Moro". Il pubblico Ministero Luca Palamara della Procura di Roma fece acquisire agli atti il libro del 2008 e l'intervista del 2013. Le parole del "consulente" statunitense finiranno agli atti nel fascicolo recentemente aperto sulla base di un esposto di Ferdinando Imposimato, attualmente avvocato, che - all'epoca dei fatti (1978) - ricopriva la carica di giudice istruttore. Nell'articolo del quotidiano veronese si legge testualmente circa Imposimato: "... Moro poteva esser salvato dato che il covo di Via Montalcini - dov'era tenuto prigioniero lo statista - era monitorato da tempo dalle Forze dell'Ordine, ma il blitz per liberare l'esponente della DC, nonostante fosse stato preparato nei minimi dettagli, saltò all'ultimo momento". E ancora: "... Steve Pieczenik costituisce un personaggio chiave in grado di fornire informazioni utili al fine di squarciare i veli ancora nebulosi ed oscuri che gravano sul Caso Moro". Palamara, che procede con un fascicolo contro ignoti, si dice particolarmente interessato alla versione resa da Steve Pieczenik, specialmente quando afferma: "... *Temevo, ma anche mi aspettavo, che le BR si rendessero effettivamente conto dell'errore che stavano per compiere uccidendo l'ostaggio, e che - alla fine - liberassero Moro rinunciando alla contropartita, mossa questa che avrebbe fatto fallire il mio piano e di cui io solo avrei dovuto render conto ai miei superiori. Fino alla fine ho avuto il terrore che liberassero effettivamente il politico. Il sacrificio della vita di Moro era necessario*".

Molto esplicito, certo, ma purtroppo non abbastanza diffuso. Non credo che più di un italiano su mille abbia coscienza del fatto che l'assassinio di Aldo Moro fu effettuato materialmente dai brigatisti rossi ma sotto la sapiente direzione dei servizi segreti americani con la complicità di quelli nazionali, e per favore non mi si parli di servizi deviati, qui non c'era alcuna deviazione.

Infine, in questi ultimi anni, si è parlato e si parla continuamente di terrorismo islamico. A questo particolare argomento ho voluto dedicare il capitolo 10.

L'amico fb Alberto Crivellenti ha pubblicato su Facebook un piccolo intervento che mi pare degno di nota nella sua onestà e semplicità giornalistica: "Un alleato vacilla? Tentenna? È il caso della Germania, storicamente e logicamente attratta verso est (nach osten) dai ricchi mercati russo asiatici, ed ecco subito la punizione dell'impero che colpisce a freddo con la precisione del boia distruggendo la reputazione industriale della Volkswagen fiore all'occhiello del Made in Germany.

La piccola Italia si ritaglia una sua politica energetica in Libia? Ecco arrivare i cruise di Obama che fanno crollare il regime di Gheddafi l'unico in grado di tenere a bada il tribalismo di quel paese con i risultati che ben conosciamo. Ne risulta un gravissimo affanno per l'Italia altro partner (sic) degli Stati Uniti. e maree di migranti ovunque. E ancora, noi europei siamo sempre più tiepidi nei confronti del famigerato TTIP e con esso l'ingresso a valanga di prodotti di rango assai inferiore a quelli europei tradizionali? Niente paura, ecco lo studio dell'OMS diretta emanazione dell'ONU e tutti legati a filo doppio al potere di Washington che mina tutto il florido sistema agroalimentare made in Italy perché da questa bordata cancerogena chi rischia sono le nostre aziende che fanno prodotti di qualità inimmaginabile per le orrende carni in scatola yankee lavorate con ogni mefitica sostanza possibile, tanto da concentrare in un loro Hamburger i veleni di una giornata della Montedison.

Prima i tedeschi con i loro gioielli meccanici adesso i nostri bei prosciutti. Ogni giorno questi gangster sferrano colpi micidiali.. e nonostante questo hanno la faccia di bronzo di definire la NATO, l'alleanza euro atlantica un sodalizio di nazioni sorelle. Mi viene in mente una storia lontana ormai obliata dal tempo Ve lo ricordate Mattei? quel signore che inventò l'Agip e costruì un sistema di alleanze in medio oriente tra Italia e paesi produttori facendo venire molti mal di pancia alle sette sorelle. Ebbene la CIA si curò di eliminarlo e indovinate con l'aiuto di chi? ma della mafia naturalmente.... Vecchie storie vecchi alleati segreti fin dai tempi dello sbarco in Sicilia..Ecco i metodi americani ecco la loro morale...Se invece di un Renzi scendiletto avessimo un vero leader che imponesse lo sgombero delle innumerevoli basi militari a stelle e strisce che controllano *de facto* tutta la penisola esponendo il paese a rischi altissimi nella malaugurata ipotesi di una guerra con la Russia... Ebbene quanto credete durerebbe? e per durare intendo respirare... Lo sappiamo tutti inutile dirlo.... Questi sono i nostri alleati Solo che non potremo più dire "Arrivano i nostri..i buoni". No, noi siamo una volta di più dalla parte dell'impero dei cattivi... ecco la verità".

5. *Guerre.* Se il terrorismo è il normale modo di procedere dei padroni americani nei confronti dei loro alleati e amici, la guerra è invece il mezzo di elezione per impadronirsi di nuove risorse delle quali i suddetti non abbiano ancora il controllo. Si tratta, naturalmente, di guerre particolari, caratterizzate in generale da pesanti bombardamenti su paesi quasi del tutto inermi in materia di contraerea. Tipicamente, i bombardieri entrano in azione sganciando tonnellate di bombe su obiettivi sia militari, sia civili. Quando il paese preso di mira è ridotto in macerie e il suo esercito è stato distrutto nei ricoveri in cui tentava di

ripararsi, allora possono entrare in azione le truppe di terra cui sarà riservata una tranquilla passeggiata generalmente anche applaudita dal popolo terrorizzato da tutto quanto succede. Così andarono le cose in Irak, in Afghanistan, in Jugoslavia e, con qualche variante, anche in Libia. In Siria, invece, l'invasione è stata impedita dall'imprevista resistenza delle truppe governative spalleggiate dall'alleato russo. Altrove l'invasione stata facilitata da alleanze che, in effetti, assomigliano più che altro a contratti di vassallaggio senza condizioni. Il vero problema dell'America è che l'industria bellica è privata e che, per rimanere prospera e mantenere il suo livello di occupazione, ha bisogno di un continuo flusso di guerre che consentano lo smercio dei suoi raffinati prodotti tecnologici. Tutto questo acquisto e disinvolto di uso di armi molto costose, insieme con la gestione di centinaia di basi militari in giro per il mondo crea un pesante debito pubblico? Poco male, prima o poi si potrebbe scatenare una pesantissima guerra di rapina per rubare alla grande le ricchezze degli altri, uno sport in cui i diversi governi americani, democratici o repubblicani, hanno ripetutamente dimostrato il loro vivo interesse anche se certamente non la loro eccellenza.

6. Rapina di vite umane e di risorse

Negli anni compresi tra il 1945 e il 1991, nel mondo esisteva un blocco socialista guidato dall'URSS, un blocco ultra-liberista essenzialmente statunitense e un blocco moderato che potremmo definire essenzialmente keynesiano rappresentato soprattutto da alcuni paesi dell'Europa occidentale. Tra questi paesi vi fu in prima fila l'Italia che, non a caso, quando esplose il morbo del sedicente neoliberismo, fu accusata dagli immancabili utili idioti di regime di mantenere "pezzi di socialismo reale".

Prima del 1991, gli USA non avevano, ovviamente, alcuna influenza sui paesi comunisti; in effetti non potevano nemmeno premere più che tanto sui paesi europei, temendo che un'eccessiva dose di "neoliberismo" avrebbe potuto disgustarli e orientarli verso il sistema socialista. Potevano però premere in modo molto spregiudicato sui paesi del Sudamerica che, nella loro debolezza politica ed economica e nella loro non favorevole collocazione geografica, si trovarono a essere le prime vittime della aberrante teoria economica di Milton-Friedman. Il flagello si abbatté con particolare violenza sul popolo cileno e su quello argentino a partire dal 1973. Una efficace sintesi di tutto ciò che accadde si trova nel libro di Naomi Klein *"The shock doctrine"* il cui titolo fa riferimento alla dottrina economica di Milton-Friedman che fruttò al suo autore un premio Nobel e inoltre una serie di consulenze presso le peggiori dittature criminali del Sudamerica.

Peraltro, la dottrina dello shock, ancora in uno stato embrionale, era già stata messa in atto in Brasile in un colpo di stato del 1964 sponsorizzato dagli USA, nonché in Indonesia nell'anno seguente (1965) in un colpo di stato parimenti sponsorizzato contro il presidente Sukarno, colpevole di avere condotto una politica di ridistribuzione della ricchezza ed essersi persino spinto fino al punto di cacciare dal paese il Fondo Monetario Internazionale e la Banca Mondiale che egli accusava di essere puri e semplici pedine di interessi di multinazionali occidentali. Nel 1965, però, la CIA trovò finalmente il personaggio adatto per cambiare il corso degli eventi, il generale Suharto al quale gli uomini dei servizi segreti americani semplicemente consegnarono una lista accuratamente compilata di circa cinquemila attivisti politici di orientamento di sinistra. "Questa fu certamente un grande aiuto per l'esercito" confessò venticinque anni dopo alla giornalista Kathy Kadane l'addetto dell'ambasciata

USA Robert J. Martens, "probabilmente i soldati uccisero moltissime persone, e io forse ho le mani sporche di sangue, ma ci sono momenti nella vita in cui è necessario agire con determinazione".

Dopo questo massacro iniziale, "mirato" di alcune migliaia di attivisti, l'esercito provvide a istruire un gran numero di giovani fanatici islamici che si riversarono come una peste in ogni angolo del vasto e complesso paese composto da migliaia di isole, in cerca di "comunisti" da eliminare con ogni mezzo possibile. Il risultato fu un numero di vittime ancora oggi difficile da valutare ma certamente compreso tra un minimo di mezzo milione e un massimo di un milione di persone.

"L'esperienza indonesiana" scrive Naomi Klein, "attirò l'attenzione di individui e istituzioni a Washington e Santiago del Cile che studiavano il modo di eliminare Salvador Allende, il socialista che, avendo vinto le elezioni, si trovava alla presidenza del Cile. L'interesse era focalizzato non solo sulla straordinaria brutalità di Suharto ma anche sul ruolo giocato in questa vicenda da un gruppo di economisti indonesiani che avevano studiato a Berkeley, università di California, sponsorizzati dalla Fondazione Ford, e che propugnavano teorie abbastanza simili a quelle che una decina di anni più tardi avrebbero fruttato il premio Nobel a Milton-Friedman". Per quanto meno estremisti dei Chicago boys di Milton-Friedman in materia di privatizzazioni, questi giovani economisti

85

non avrebbero potuto essere più disponibili nei confronti degli investitori stranieri desiderosi di impadronirsi di tutte le ricchezze minerarie e forestali del paese. In capo a un paio di anni, con l'opposizione distrutta e i suoi resti letteralmente terrorizzati dalla violenza senza ritegno della repressione, il progetto era già stato realizzato e la CIA lo considerava anche un ottimo modello da ripetere in varie zone del mondo.

Fu proprio in Cile, poco dopo l'elezione di Salvador Allende, che i sedicenti neoliberisti americani decisero di ripetere il modello indonesiano: alleanza tra militari spietati ed economisti della scuola di Milton-Friedman (Chicago boys) per realizzare un colpo di stato non solo molto sanguinario ma anche decisamente estremo nelle sue conseguenze. Da un lato i militari pianificarono lo sterminio sistematico di Allende e dei suoi sostenitori, dall'altro gli economisti pianificarono lo sterminio altrettanto sistematico delle loro idee. Con il sostegno economico della CIA, fu prodotto in tal modo "*The brick*" (Il mattone), un manuale di economia neoliberista di circa 500 pagine i cui autori erano tutti allievi o comunque seguaci di Milton Friedman. L'ambasciatore cileno in USA, Orlando Letelier, scrisse qualche tempo dopo che "i Chicago boys riuscirono a convincere i generali cileni di potere di integrare la loro brutalità con le capacità intellettuali che ad essi mancavano". Scrive Naomi Klein: "Lo shock del colpo di stato preparò il terreno allo shock della terapia economica e lo shock delle camere di tortura terrorizzò chiunque pensasse di mettersi di traverso sulla strada degli shock economici. Da questo laboratorio vivente emerse la prima vittoria della scuola statale di Chicago nella sua controrivoluzione globale".

L'11 settembre 1973, il generale Pinochet attaccò il palazzo della Moneda, lo bombardò, uccise Salvador Allende e i suoi più stretti collaboratori e, nei giorni immediatamente seguenti, arrestò circa 13.500 civili accogliendoli nei due stadi di Santiago. Di questi infelici, colpevoli di essere attivisti politici o sindacali, non meno di 3.200 furono torturati e presumibilmente uccisi, dato che scomparvero definitivamente mentre i rimanenti, insieme con altre ottantamila persone, furono imprigionati o confinati nel gelido profondo sud (Patagonia) dove molti altri morirono. Altri duecentomila, terrorizzati di quanto stava accadendo, fuggirono all'estero. Nel complesso, il terrore venne sparso e diffuso in modo tanto efficace dall'accoppiata di Pinochet con Milton Friedman che il Cile seguì a ruota l'Indonesia nello sprofondamento nel sedicente neoliberismo, un sistema economico in cui, come osserva Luciano Gallino, venne perso il concetto di uguaglianza e invece si diffuse a macchia d'olio la stupidità. Non è forse stupidità, infatti, negare le risorse minime per la vita a una larga fetta della popolazione mentre una esigua minoranza di privilegiati ne accumula una enorme quantità di cui, in buona sostanza, non sa che fare?

Al golpe in Cile, con le sue immense sofferenze, seguì quello in Argentina (1976), quando una giunta militare ancora una volta supportata dagli USA trasformò il paese in un nuovo laboratorio vivente della scuola economica di Milton-Friedman e, in pari tempo, della scuola criminale degli assassini di stato capeggiati in questo caso dal nuovo presidente argentino, l'allevatore di bestiame José Alfredo Martinez de Hoz.

Rispetto al modello cileno, divenuto famoso in tutto il mondo per le sue atrocità alla luce del sole, il regime argentino costituitosi in seguito al golpe decise tuttavia di mettere in atto alcune varianti. Nulla di sostanziale, intendiamoci, una pura e semplice questione di stile: torture, omicidi e persecuzioni di attivisti politici non potevano certo mancare ma dovevano essere messi in atto con maggiore discrezione. Fu così che l'Argentina di quegli anni divenne famosa per i suoi *desaparecidos,* cioè per le persone che scomparivano nel nulla e delle quali nessuno poteva o voleva parlare. Nessuno tranne le madri di un certo numero di queste oltre trentamila persone scomparse nel nulla, madri che periodicamente comparivano nella plaza de Mayo con cartelli e fotografie. Dove erano andati a finire i loro figli? Torturati, straziati, ammazzati, ogni tanto se ne trovavano pezzi nelle discariche e anche qualche corpo intero galleggiante nell'oceano o spiaggiato sulle rive fangose del Rio de la Plata dove, a quanto pare, arrivavano dal cielo venendo sganciati da elicotteri, talvolta già sventrati affinché andassero a fondo. Erano stati attivisti politici grandi e piccoli, gente che aveva avuto il coraggio di contestare le nuove leggi che abolivano il diritto di sciopero o che stabilivano le nuove condizioni capestro del lavoro dipendente. La nuova giunta argentina, d'accordo con gli economisti che avevano definito se stessi come neoliberisti svolse il lavoro di repressione come un autentico "laboratorio", addirittura utilizzando "esperti" stranieri che illustravano le varie modalità delle torture a gruppi di allievi per mezzo di diapositive e subito dopo le mettevano in atto su vittime viventi a mo' di esercizio pratico all'americana. Uno dei più famosi personaggi che aveva introdotto questa pratica in Sudamerica era stato l'americano Dan Mitrione che aveva agito alcuni anni prima in Brasile ma che poi aveva fatto una brutta fine, essendo stato rapito e ucciso dai tupamaros in Uruguay. Ciononostante, in Argentina i corsi si svolsero senza particolari problemi, tranne che per le vittime, data l'atmosfera di terrore sordo che si era instaurata in seguito alle scomparse di decine di migliaia di persone.

Le torture consistevano soprattutto in diverse varietà di elettroshock nonché in reclusioni in spazi non superiori a quelli di una bara, dove la vittima era costretta a rimanere sdraiata per tutto il tempo. "Incominciammo a pensare di essere morti" dichiarò uno di questi infelici prigionieri, Mauricio Rosencof, incredibilmente rimasto in queste spaventose condizioni per undici anni e mezzo, "e che gli spazi in cui eravamo alloggiati non fossero celle ma bare, e che il mondo esterno non esistesse affatto". Il numero totale delle vittime di tali incredibili atrocità dovrebbe aggirarsi tra le centomila e le centocinquantamila delle quali diverse decine di migliaia morte per i tormenti e il conseguente sfinimento.

Dati i buoni risultati che il terrore aveva prodotto in Sudamerica nel creare una società del tipo auspicato da Milton-Friedman, cioè dove le privatizzazioni producevano un'estrema disuguaglianza, dove la cosiddetta *deregulation* lasciava che il cosiddetto mercato del lavoro fosse fedelmente plasmato secondo i desideri dei grandi capitalisti, dove i tagli alle risorse pubbliche – conseguenti ai drastici tagli alle tasse ai ricchi – svuotavano lo Stato di significato e di qualsiasi capacità di azione, gli Stati Uniti decisero di esportare il modello in tal modo messo a punto in Medio Oriente dove la creazione di una rete di governi-fantoccio avrebbe potuto comportare per loro anche ulteriori vantaggi: (a) data la ricchezza petrolifera di tutta la zona, l'ampliamento dell'area del petrodollaro, più che mai auspicata a causa della precarietà del dollaro, non più sostenuto da riserve auree e anzi messo in dubbio da un gigantesco debito pubblico, (b) data la contiguità della zona all'area sovietica, un grande valore strategico geopolitico. Nel 1991, l'operazione era ampiamente facilitata dalla crisi dell'Unione Sovietica che, nel caos in cui si trovava in quel momento, sarebbe stata certamente impossibilitata a contrastare in modo concreto l'operazione.

È in questo modo che vanno considerate e giudicate le due guerre americane contro l'Irak, intraprese con pretesti risibili già per la prima delle due (1991) che, ufficialmente, fu iniziata per liberare il Kuwait, invaso da Saddam Hussein, il presidente irakeno che tuttavia era stato incoraggiato a occuparlo proprio da coloro che poi volevano incastrarlo. Una possibile conferma a questa accusa potrebbe essere offerta da un episodio avvenuto nel corso dell'incontro di Saddam con l'ambasciatrice americana April Gaspie il 25 luglio 1990. Secondo il governo irakeno, infatti, Saddam avrebbe prospettato all'ambasciatrice l'ipotesi dell'invasione e avrebbe ricevuto l'assicurazione, o quanto meno il commento, che gli USA si sarebbero mantenuti neutrali, considerando la questione come un affare non di loro pertinenza. Naturalmente, nessuno si prese la briga di registrare la conversazione o di firmare impossibili accordi e l'ambasciatrice, interpellata in proposito dopo l'invasione, si strinse nelle spalle sostenendo semplicemente che il rais doveva avere equivocato il senso di una sua frase, forse a causa di una cattiva traduzione.

Certo, non è tanto credibile che una questione di importanza tanto vitale venisse trattata in un modo tanto distratto e casuale, però questo è quanto fu dichiarato dalla ambasciatrice che, nel mondo occidentale, è stata considerata maggiormente degna di fede rispetto a un dittatore scatenato alla ricerca di risorse a ogni costo. Diciamo dunque che esistono due diverse ipotesi: la prima è che Saddam Hussein fosse un perfetto idiota che navigava a vista, la seconda è che sia caduto in una trappola. Io personalmente propendo per la seconda che mi pare coerente con il comportamento generale del governo americano che, se è stato capace di ingannare il mondo intero (o quasi) con il ridicolo pretesto della seconda guerra irakena (le armi di distruzione di massa delle quali Saddam avrebbe dovuto essere in possesso), possono ben avere ingannato il solo Saddam e il suo governo per procurarsi un buon pretesto per la prima guerra irakena.

Non è necessario ricordare nel dettaglio i massacri effettuati dagli USA prima a mezzo dei bombardamenti e poi delle sanzioni economiche a un paese stremato, che provocarono la morte di oltre mezzo milione di persone, soprattutto anziani e bambini. Ciò che qui mi preme mettere a fuoco è l'autentico saccheggio di risorse messo in atto dall'amministrazione americana subito dopo ciascuna delle due guerre, a vantaggio di un piccolo numero di privati, autentici gangster. Era questo l'autentico scopo che, senza mettere in atto una estrema violenza, sarebbe stato certamente irraggiungibile in quanto totalmente estraneo alla cultura del paese e del resto a ogni ragionevole compromesso di governo per qualsiasi paese del mondo.

Aggredito nel 2003 una seconda volta con il miserabile, falso pretesto delle "armi di distruzione di massa", l'Irak dovette subire un bombardamento inconcepibile quando lo si confronta con quello già sofferto nella guerra del 1991. In quella occasione, sul paese erano piovuti più o meno trecento missili Tomahawk in cinque settimane mentre nel nuovo attacco furono ben 380 i missili piombati sul territorio soltanto nel primo giorno. In tutto il periodo dell'attacco – dal 20 marzo al 2 maggio – sull'Irak furono sganciate trentamila bombe e ventimila missili teleguidati.

Nel suo straordinario libro *"The shock doctrine"*, Naomi Klein scrive ampiamente del terrore di tutto il popolo irakeno divenuto, senza un reale motivo che non fosse la volontà di rapina dei suoi aggressori, un obiettivo bellico senza precedenti in quanto a violenza dell'attacco e profondità degli obiettivi economici. Cosa può avere spinto l'amministrazione Bush a uno spreco tanto evidente di risorse belliche nei confronti di un nemico chiaramente incapace di reagire? Mi pare che un'ottima spiegazione possa essere rappresentata dalla volontà di usare soldi pubblici per accontentare grossi imprenditori privati (i fabbricanti di armi) e altri grossi imprenditori privati (per esempio Dick Cheney) pronti ad appropriarsi delle risorse pubbliche irakene. L'economia americana è costantemente soggetta a venire drogata da questo genere di aggressioni criminali che di fatto – alla faccia del sedicente neoliberismo - sostituiscono letteralmente gli interventi pubblici di sostegno raccomandati da John Maynard Keynes con la differenza che provocano in generale sofferenze e impoverimenti e per pochi approfittatori un arricchimento sfrenato.

Non posso e non voglio continuare questo capitolo come una pura e semplice elencazione di attacchi bellici e di violenze fisiche ed economiche ma non posso nascondere la verità e quindi nemmeno trascurare di aggiungere che soltanto negli ultimi quindici anni abbiamo anche avuto il caso gravissimo della Jugoslavia e poi ancora la Libia, l'Afghanistan e la Siria e abbiamo avuto anche la stranissima, minacciosa promessa della Clinton, nel caso in cui fosse stata eletta, di attaccare l'Iran. Non restava che sperare ciò che poi, fortunatamente, è successo, e cioè che la suddetta Clinton fosse eliminata dalla corsa alla presidenza grazie al netto successo del suo avversario repubblicano, Donald Trump.

7. Burattini di Burattini

L'idea di una unione dell'Europa in una federazione autonoma e sovrana fu per molti di noi, nati negli anni di guerra e nel decennio seguente, un grande sogno di fratellanza, di pace, di dignità e anche di socialismo. Continuammo a sperare fino alla fine degli anni '80 del secolo scorso, quando ci rendemmo conto che la dissoluzione dell'Unione Sovietica aveva purtroppo sbilanciato il fragile equilibrio nel quale un'Europa come quella che speravamo si sarebbe forse potuta creare. Invece, il sostituto politico che nacque il 7 febbraio 1992 con il trattato di Maastricht era qualcosa di totalmente diverso rispetto alle nostre speranze e anche alle legittime aspettative della grande maggioranza dei cittadini europei: non era più un'Europa dei popoli ma piuttosto un sodalizio dei grandi finanzieri sedicenti neoliberisti alla faccia dei popoli e delle loro belle speranze, ma di questo la maggior parte di noi non si accorse subito ma soltanto molti anni dopo.

La prima cosa che ci lasciò di stucco fu la sopravvivenza e anzi l'espansione della NATO a fronte dello scioglimento del patto di Varsavia. In effetti, il governo americano approfittò della ingenuità di Gorbaciov per reclutare uno dopo l'altro nella NATO gli stati appena liberati dal giogo comunista. In questo modo l'ingenuo ultimo presidente sovietico venne ringraziato dall'occidente dello scioglimento del patto di Varsavia e dell'affrancamento dal blocco comunista di sei paesi dell'est europeo (Germania orientale, Polonia, Cecoslovacchia, Ungheria, Romania, Bulgaria) precedentemente legati all'URSS. Delle due repubbliche tedesche era stata anche concordata la riunificazione politica che peraltro funzionò come una pura e semplice annessione della Germania orientale a quella occidentale e modificò non poco la geografia politica dell'Europa. Dopo la riunificazione suddetta (1992), a dispetto delle promesse americane, seguì in tempi brevi la decisione NATO (vertice di Bruxelles, 1994) di allargare l'alleanza, dopo di che furono ben dodici i nuovi paesi che vennero invitati a farne parte: per primi Polonia, Repubblica Ceca e Ungheria (1999), poi Bulgaria, Romania, Estonia, Lettonia, Lituania, Slovacchia e

Slovenia (2004) e infine Albania e Croazia (2009) e ultimamente anche il Montenegro. Ben poco si sa degli eventi che stanno dietro a questo gigantesco processo di stravolgimento e autentico tradimento degli accordi USA-URSS del 1989, ed è evidente che chiunque tentasse di ricostruire gli eventi sarebbe accusato di "dietrologia", parola insensata riservata a tutti coloro che tentano di analizzare gli eventi della storia contemporanea. Del resto, scriveva già Tucidide nella sua storia della guerra del Peloponneso che gli accordi nulla valgono se non sono stipulati tra potenze di uguale peso, e non si può certo negare che la dissoluzione dell'URSS avesse causato, in quel periodo, una diminuzione del peso politico e anche militare della Russia, che gli USA decisero unilateralmente di declassare da potenza globale a potenza regionale.

Era chiaro che una tale operazione, che oltre tutto doveva avere un notevole costo in aumento di spese militari per gli USA, non faceva presagire niente di buono, anche se la ridicola spiegazione ufficiale che il governo americano offrì ai suoi ex-avversari, ora ufficialmente promossi ad amici, fu che l'America era preoccupata per l'ostilità crescente dell'Iran. Una totale sciocchezza, non c'è che dire, anche perché l'intera questione dell'energia nucleare iraniana è semplicemente una bufala di regime, paragonabile a quella delle armi di distruzione di massa di Saddam Hussein.

L'espansione della NATO significò dunque per nove dei dodici stati in oggetto il passaggio da un vassallaggio all'altro e per gli altri tre un nuovo vassallaggio. Nel secondo capitolo ho già parlato, in effetti, dell'incredibile furia omicida con cui la Jugoslavia, che avrebbe voluto conservare la propria integrità e indipendenza, fu aggredita e frammentata dalla NATO in sette diverse unità, tutte potenzialmente arruolabili nella alleanza atlantica, a meno del milione di morti causati dall'attività bellica fratricida in diversi anni. Il presidente della vecchia Jugoslavia, ora ridotta a Serbia, Slobodan Milosevic, fu anche arrestato dai nuovi governanti (probabilmente su suggerimento di qualcun altro) e tradotto all'Aja dove paradossalmente avrebbe dovuto subire un processo per i crimini di guerra, non commessi da lui ma certamente da tutti gli altri attori e autori di questa immane tragedia che ora pretendevano anche di processarlo. Morì invece, misteriosamente senza mai riuscire a raccontare la verità sulla frantumazione del suo paese e sulle oscure trame che vi stavano dietro.

Purtroppo, le vicende successive alla appassionante estate del 1989 si sono dimostrate non solo non all'altezza di quelle ingenue speranze ma rivelatrici di un piano di sistematica devastazione del campo sovietico non già per democratizzarlo e/o per renderlo più efficiente (come si cianciava) ma piuttosto per creare o consolidare ovunque fosse vagamente possibile un sistema che si potrebbe definire neo-feudale perché comporta una ridistribuzione delle risorse al contrario (cioè dai poveri verso i ricchi) e, per mantenere questa stortura ad ogni costo, il vassallaggio di un capo supremo e poi il sub-vassallaggio dei vassalli e il sub-sub vassallaggio dei sub-vassalli. Questa semplice realtà spiega anche il drammatico scadimento della qualità degli uomini politici in occidente. Si pensi, per esempio, a personaggi opachi come Renzi, Hollande, Cameron, allo stesso Obama, buono soltanto a far discorsi sempre meno convincenti. Non servono più uomini capaci di navigare in acque difficili, servono solo persone capaci di obbedire senza discutere ai loro referenti, capaci di adeguarsi a teorie strampalate e profondamente ingiuste e capaci di concordare sempre su giudizi geopolitici costruiti non già sulla base del diritto internazionale ma sull'arbitrio quotidiano del Burattinaio che, di volta in volta, deciderà secondo il suo comodo e comunicherà ai suoi vassalli quali siano le sue decisioni in merito agli eventi del giorno.

Un esempio stringente? Soltanto quindici anni fa gli Stati Uniti, con il pretesto di appoggiare la secessione del Kosovo dalla Federazione Jugoslava, bombardarono Belgrado uccidendo migliaia di civili e danneggiando in modo pesantissimo le infrastrutture esistenti nella capitale jugoslava. Per inciso, parteciparono anche gli alleati italiani e i bombardamenti colpirono anche la Fiat-Zastava. Lo scorso anno, invece, di fronte alla secessione – giustificata da referendum con esiti trionfali – della Crimea e della Novorussia dall'Ucraina, gli stessi americani hanno tenuto un atteggiamento diametralmente opposto minacciando militarmente i russi che, secondo loro, avevano incoraggiato queste iniziative, facendoli oggetto di sanzioni economiche e continuando a rilasciare dichiarazioni che apparirebbero soltanto ridicole se soltanto il pubblico avesse un minimo di memoria non dico storica ma semplicemente di cronaca. La verità è che comportamenti tanto opportunistici e tanto contraddittori non soltanto tolgono ogni autorità morale a chi li mette in atto ma convincono i cittadini che in realtà non esiste alcuna morale né alcuna giustizia ma soltanto la propria convenienza, diversa di volta in volta. Ci si può stupire, poi, se in tali condizioni si vede aumentare da un lato la criminalità e dall'altro il disgusto nei confronti del governo?

Che pensare, poi, di governi-vassalli (dovrei meglio dire governi-burattini) che seguono a ruota il padrone nei suoi capricci diversi volta per volta? E che pensare di governi burattini di burattini che seguono i burattini di ordine superiore anche in decisioni che non comportano loro alcun vantaggio, anzi soltanto problemi e costi?

Che cosa bisogna pensare, allora, dei governi sedicenti democratici italiani o francesi che non soltanto accettano supinamente di applicare alla Russia sanzioni economiche del tutto ingiustificabili che in pratica rappresentano sanzioni anche per loro stessi, ma anche aggrediscono paesi neutrali per fare un favore al burattino di ordine superiore, senza nemmeno sapere esattamente chi mai sia il burattinaio. Questi, infatti, rimanendo sempre nell'ombra, comunica i suoi desideri soltanto al suo super-burattino Presidente USA che, a sua volta, parla unicamente con il suo burattino super cancelliere tedesco che, a sua volta, passa gli ordini ai burattini minori del resto d'Europa. Se in qualche paese europeo un burattino di ordine inferiore mostra una eccessiva velleità di indipendenza, allora è il caso di umiliarlo e/o di sostituirlo. È ciò che è accaduto a Berlusconi, sostituito da Monti perché si rifiutava di pagare improvvisamente a una grande banca una somma di due miliardi e mezzo di euro che, in origine, si sarebbe dovuto rateizzare e dilazionare ma che la banca poteva anche richiedere anticipatamente in base a una clausola vessatoria. Monti ci evitò, a suo dire, di sprofondare nell'abisso che ci avrebbe ridotti in condizioni peggiori di quelle in cui ci troviamo attualmente (2015), in realtà ubbidendo ai diktat della finanza internazionale. Non parliamo poi del primo ministro greco Alexis Tsipras che, con poca convinzione, aveva voluto sfidare i burocrati di Bruxelles con un referendum che tutti costoro presero molto male, come mancanza di rispetto verso loro stessi e verso la finanza. Le successive trattative furono intese a dimostrare alla Grecia e all'Europa che Tsipras era soltanto un burattino e nulla di più. Stranamente, lo stesso trattamento toccato a Berlusconi fu riservato anche all'Italiano Enrico Letta, sostituito nel caso specifico abbastanza incomprensibilmente da Matteo Renzi dopo soli dieci mesi di governo e sfiduciato senza una seria motivazione ufficiale. Evidentemente Renzi era riuscito a convincere lo stato maggiore europeo di essere più disponibile di qualsiasi altro italiano a fungere da puro e semplice ubbidientissimo satrapo per attuare tutti e soltanto i desiderata che la Finanza esprimeva alla Commissione Europea per mezzo dei suoi canali ufficiali e ufficiosi. Insomma, una lotta di burattini-satrapi nella quale prevale il più prepotente con i più deboli che sia però anche il più servile con i più forti.

8. La ritirata della sinistra

Si sussurra da molte parti che sinistra e destra non esistano più, che in giro domini ormai soltanto una grande confusione e in realtà questo è un dato di fatto che non si può negare. A me pare, tuttavia, che i concetti storici di sinistra e di destra esistano pur sempre e che siano anche ben chiari; ciò che è confuso è semmai il comportamento dei gruppi e movimenti che dichiarano o non dichiarano la loro appartenenza all'una o l'altra parte politica.

Tradizionalmente, la sinistra ha sempre posto l'accento sugli aspetti sociali della politica e dunque ha indicato come priorità un'equa distribuzione del prodotto interno lordo, spesso indicando come mezzo per raggiungerla un adeguato impegno dello Stato sia come imprenditore in proprio o in società con privati sia come titolare di risorse e di servizi fondamentali. Per contro, la destra ha posto tradizionalmente l'accento sulla libertà economica e sui diritti di ogni individuo, anche quando queste presunte libertà e questi diritti diventano irrispettosi delle libertà altrui e rischiano di creare o francamente creano conflitti sociali. Non si tratta tuttavia di orientamenti veramente incompatibili tra loro tranne che in condizioni estreme, condizioni che purtroppo si sono anche verificate nel corso della storia e si stanno verificando attualmente.

Purtroppo, la lunga sussistenza nel teatro internazionale di una superpotenza che si dichiarava socialista e che tuttavia agiva in modo illiberale e repressivo nei confronti dei suoi stessi cittadini e paesi alleati ha determinato come conseguenza immediata (e anche ingiusta) la perdita di prestigio non solo di quel determinato sistema sedicente socialista ma anche del concetto stesso di sinistra, sommariamente identificata come la presunta imitatrice di quelle assurdità illiberali ed economicamente inefficienti.

Sorprendentemente, o forse no, le sinistre europee reagirono al crollo del sistema sovietico con un senso di vergogna e con un desiderio di espiazione e purificazione che non soltanto riguardava gli errori storici del sistema comunista sovietico ma che prendeva di petto gli stessi valori fondanti della sinistra che l'avversario trionfante ora dileggiava proponendo di buttare via tutto in blocco – acqua sporca e bambino - e di adeguarsi al tipo di società vincente che, volenti o non volenti, non soltanto non era comunista ma non era neppure più socialdemocratica né keynesiana né democratica: era invece dichiaratamente finanz-capitalista, cioè era aderente ai principi ultra-neoliberistici (cioè schiavistici) di Milton-Friedman, la cosiddetta dottrina-shock, che prevede (a) privatizzazione di tutto il privatizzabile e anche di più, (b) *de-regulation*, cioè rimozione di ogni regola ragionevole in materia di imprenditoria, di finanza e di lavoro, (c) tagli alla pubblica amministrazione che si viene dunque a trovare praticamente del tutto priva di risorse di qualsiasi tipo. Il risultato pratico di queste azioni, gradualmente messe in atto in questo ultimo quarto di secolo nelle legislazioni nazionali dei paesi cosiddetti occidentali nonché nei trattati fondanti della UE, è stato anzitutto lo stravolgimento del progetto europeo, convertito in una gabbia illiberale e pseudo-burocratica che produce soltanto l'impoverimento progressivo non solo delle classi sociali più deboli ma anche di quelle medie e d'altra parte l'arricchimento smodato delle più forti in un quadro in cui il potere dello Stato è sostanzialmente svuotato rispetto a quello della finanza internazionale che oggi finisce per dettare leggi, regolamenti e composizione dei governi in tutto il mondo occidentale. Ne risulta non solo un profondo regresso politico

106

ma anche la decadenza e la sostanziale fine degli stati nazionali, siano essi singoli o federati in pseudo-unioni, come la UE.

La gravissima, quasi incredibile colpa storica della sinistra socialdemocratica europea fu di ascoltare quelle interessate sirene e di adeguarsi completamente allineandosi a destra, forse per conservare una fetta di potere, forse per pura e semplice ignoranza e incapacità di comprendere fino in fondo la gravità di ciò che stava accadendo, forse semplicemente per pura e semplice corruzione. Aderendo a un tale sistema di ultra-destra, un sistema economico che nessun partito fascista o nazista del passato avrebbe mai osato proporre, i partiti socialdemocratici europei hanno definitivamente abbandonato lo spazio della sinistra, hanno anche saltato il centro e si sono piazzati di peso su una collocazione di destra che magari non sarà palesemente violenta e omicida come quella fascista – nel senso che non ha squadracce che vanno in giro a picchiare o ammazzare gli oppositori – ma in campo economico è ancora peggiore perché demolisce pezzo per pezzo il sistema di cosiddetto *welfare,* cioè l'insieme di pensione di vecchiaia, assistenza sanitaria e tutela in caso di disoccupazione, nel complesso di sostegno attivo ai lavoratori e alle loro famiglie, che, come giustamente osserva Luciano Gallino, "è stato l'orgoglio della civiltà europea da oltre un secolo". Pertanto, la sinistra socialdemocratica europea ha accettato non solo di spostarsi a destra ma addirittura ha tranquillamente accettato e difeso il ritorno della barbarie in un'area del mondo che era stata profondamente civilizzata, e inoltre ha collaborato attivamente con la sua propaganda affinché un tale ritorno si possa compiere senza problemi, anche se dovesse costare molte vite umane, rimaste improvvisamente prive di un'adeguata assistenza. Questa miserabile collaborazione è avvenuta da un lato per mezzo del silenzio su ciò che stava accadendo dietro le quinte, dall'altro, quando era proprio impossibile passare tutto sotto silenzio, per mezzo di vere e proprie menzogne sulle motivazioni dei cambiamenti e persino sulla realtà dei fatti concreti.

Qualche esempio? Le privatizzazioni dei servizi pubblici sono state presentate come iniziative inevitabili e anzi benefiche, per contrastare la presunta inefficienza dei servizi, inefficienza che è diventata proverbiale anche quando era vero tutto il contrario. La demolizione del *welfare* è stata presentata come un'assoluta necessità per una cronica mancanza di fondi, passata per legata al calo della natalità, trascurando tuttavia di dire che la mancanza di fondi era dovuta da un lato alla rapacità della finanza internazionale, dall'altro al comportamento accomodante di quei gruppi politici che una tale rapacità avrebbero dovuto fermamente contrastare.

Quali motivazioni possono avere spinto i partiti della sinistra socialdemocratica tradizionale a chiudere gli occhi su questioni fondamentali che sarebbe stato loro preciso dovere di denunciare con forza alla classe lavoratrice che ne pagava duramente le spese? Quali motivazioni possono averli indotti a tacere di fronte alla permanenza e anzi all'allargamento dell'alleanza atlantica, originariamente un sistema di difesa anticomunista che era di fatto divenuto una gang di offesa antiaraba e antirussa estremamente pericolosa per la sicurezza di tutti i paesi impegnati nelle relative aggressioni e per il mondo intero? Il silenzio tombale dei partiti che un tempo si erano fregiati del nome di laburista, socialista o addirittura comunista non soltanto suscita un profondo sdegno ma anche stupisce perché a buon diritto ci si può chiedere di quali oscuri vantaggi abbiano mai potuto usufruire le persone fisiche che li componevano per comportarsi in un modo tanto indegno e disonorevole, per tradire gli elettori ai quali avevano promesso e ancora continuavano a promettere assistenza nella difesa dei loro diritti? L'unica risposta logica che viene alla mente – se si esclude la pura e semplice stupidità – è che almeno alcuni personaggi chiave siano stati corrotti, talvolta in modo diretto e piatto, altre volte in modo indiretto, cioè con la prospettiva dei vantaggi sociali ed economici di un posto di ministro facilitato da un'agenda di operazioni ineludibili in quanto concordate nell'ambito di una Unione Europea o di una alleanza atlantica, o ancora di altri trattati-capestro che tuttavia dovevano essere rispettati. Sembra non solo credibile ma ampiamente probabile che la non richiesta di competenze specifiche nei confronti dei componenti dei governi sia semplicemente dovuta al fatto che tali competenze oggi non solo non sono necessarie ma addirittura potrebbero risultare nocive nel caso in cui l'eventuale specialista di una qualche disciplina riuscisse a rendersi conto dell'assurdità di alcuni punti dell'agenda e magari pretendesse anche di mettere in discussione l'opportunità della loro applicazione, nell'interesse dei cittadini. Conseguentemente, nell'ultimo quarto di secolo, la transizione al finanz-capitalismo dei paesi del cosiddetto blocco occidentale e dei paesi ad essi associati, loro vittime di guerra o di debito costrette ad agire contro gli stessi legittimi interessi dei propri cittadini, ha coinciso con un continuo abbassamento di qualità umana, di cultura generale e persino di nozioni tecniche minime da parte dei membri dei governi coinvolti in questa gigantesca truffa internazionale della violenza e del debito.

In questa drammatica situazione, i concetti di destra e di sinistra si sono persi per strada non già per una loro presunta scomparsa o inesistenza ma piuttosto per l'attuale urgenza di interventi mirati volti a mitigare l'assurda situazione di rapina criminosa che ormai caratterizza gran parte dei rapporti politici nazionali e internazionali. In Russia, nel decennio di Eltsin, il popolo reduce dagli enormi e inutili sacrifici causati dal comunismo sovietico, dovette assistere, inerme, a privatizzazioni selvagge che altro non erano se non appropriazioni violente di enormi quantità di beni pubblici da parte di singoli mafiosi in lotta o in combutta tra loro e/o con altri criminali e governi stranieri. Alle soglie del nuovo millennio, questo dominio di plutocrati fu alquanto limitato dalla nuova politica di Vladimir Putin che con fatica costituì in Russia una significativa fetta statale di industria petrolifera, la ben nota Gazprom che è poi l'ente che oggi garantisce alla Russia il suo effettivo potere economico e quindi anche geopolitico. In tal modo, costituendo una sorta di riserva di stato esente da privatizzazioni, la Russia ha intrapreso il suo difficile cammino per riprendere il posto che le spetta tra le grandi potenze mondiali. Una scelta obbligata anche per sbarrare il passo alla politica dissennata degli USA che, dal 1989 a oggi, con scuse molto esili o inesistenti, hanno continuato ad aggredire un paese dopo l'altro coinvolgendo nei loro attacchi gli alleati europei ed esponendoli alla rappresaglia dei terroristi, peraltro armati da essi stessi con la motivazione di abbattere regimi sgraditi in Irak, Afghanistan, Libia, Siria, senza dimenticare la Cecenia dove avrebbero molto gradito di instaurare un governo indipendente capace di dare grossi fastidi alla Russia.

In Italia, la perdita della memoria storica della realtà della destra e della sinistra ha prodotto una pesante anomalia politica che rischia di cambiare il corso della nostra futura storia patria. L'anomalia si chiama Movimento cinque stelle (M5S) ed è stata messa in piedi da Beppe Grillo, un comico che, negli anni '80, era stato espulso dalla televisione di stato per avere criticato in modo troppo esplicito i partiti al potere e in particolare il partito socialista. Molti anni dopo, estinto il partito socialista, morto in esilio il suo ultimo segretario Bettino Craxi, Beppe Grillo si presentò alla ribalta – stavolta assistito da un super-tecnico informatico, Gianroberto Casaleggio – per riprendere il discorso critico sui partiti al governo praticamente dal punto in cui lo aveva lasciato: dure accuse di rubare risorse e modeste proposte di risparmio che tuttavia non apparivano in alcun modo mirate a costruire un certo sistema politico e neppure il suo contrario, piuttosto adesioni improvvise a crociate di dubbia serietà, come quello contro la sperimentazione sugli animali e magari contro le vaccinazioni generalizzate o contro l'immigrazione o altro ancora. Nel complesso, la predicazione di Grillo è riuscita a ottenere un notevole successo elettorale senza però che fosse chiaro quali fossero gli obiettivi reali del movimento, a parte una generica dichiarazione di intenti di onestà che tuttavia è ben difficile capire che cosa possa significare nella realtà. Nel complesso, il mio parere personale è che il M5S abbia raccolto con discorsi vaghi un pubblico eterogeneo, analogamente a quanto fecero il partito fascista negli anni venti o il partito dell'uomo qualunque nel primo dopoguerra. L'effetto più vistoso di questa raccolta è stata la larga scomparsa dell'elettorato potenzialmente disponibile a sostenere un partito collocato autenticamente a sinistra e cioè impegnato nella difesa dei diritti dei lavoratori. Oggi, il notevole successo del M5S prefigura la possibilità, in un futuro non tanto lontano, di verificare sul campo le autentiche tendenze politiche del movimento. Speriamo che i suoi seguaci non si debbano amaramente pentire di averlo sostenuto. Di certo, coloro che rimpiangono l'esistenza e il successo dei partiti votati alla difesa del lavoro vedono bene come questo nuovo episodio politico qualunquista rischi seriamente di ritardare l'eventuale avvento di una società più giusta.

III. Guerra

9. Guerra agli alleati

Il governo degli Stati Uniti, nella persona di Ronald Reagan, aveva promesso nel 1989 alla Unione Sovietica, nella persona di Michail Gorbaciov di congelare la NATO nella sua situazione logistica e territoriale di quell'anno e in ogni caso di non piazzare missili più a est della Germania. Questa promessa fu completamente disattesa negli anni seguenti e in generale il comportamento degli americani fu tale da suscitare nelle persone oneste non soltanto sdegno per la mancanza di fedeltà ai patti ma soprattutto serie preoccupazioni circa le loro reali intenzioni nei confronti non solo della Russia, erede dell'URSS, ma in effetti dell'intera area europea. Tutte le loro azioni, a ben guardare, furono e anche attualmente continuano ad essere tali da suggerire una ferma volontà di destabilizzazione politica ed economica dell'intera area eurasiatica e mediterranea, presumibilmente al fine di frantumarla, di dominarla completamente nonché di sfruttarne le risorse senza limiti e senza condizioni di sorta. Sembra che la situazione geopolitica in cui oggi ci troviamo risponda al ben noto proverbio: "*Dagli amici mi guardi Iddio ché dai nemici mi guardo io*".

Non voglio qui rivangare il più grande genocidio della storia moderna, lo sterminio quasi completo degli indigeni americani per realizzare il quale i primi governi di quel paese usarono gli stessi inganni e la stessa doppiezza che oggi vediamo mettere in atto nel vecchio continente contro i loro presunti alleati. Non voglio neppure ritornare sul vile attacco a Belgrado e sui due assurdi e ugualmente vili attacchi all'Irak, che ho già ricordato nei primi capitoli di questo saggio. Voglio soltanto dire che l'aspetto peggiore del terrorismo di matrice americana – permettetemi di chiamarlo così, come merita, - è il fatto che esso infuria contro gli stessi paesi i cui governi si sono affidati in mani americane per essere protetti. Dal 1990 a oggi, il governo americano ha aggredito direttamente non meno di nove paesi in Europa (Jugoslavia, Ucraina), in Africa (Libia, Somalia) e in Asia (Afghanistan, Irak, Libano, Siria, Yemen) e ha tentato ripetutamente di destabilizzarne molti altri, con l'effetto finale di spingere un'immensa colonna di profughi verso l'Europa e, al tempo stesso, di attizzare l'odio feroce delle nuove generazioni islamiche verso i reggicoda europei che non solo appoggiano i

117

destabilizzatori ma continuano a offrire loro basi logistiche e collaborazione anche umana per compiere i loro delitti contro gli islamici e infine anche contro gli stessi europei, anche alleati. Ha detto giustamente il fondatore di *Emergency* Gino Strada che per fermare il terrorismo bisognerebbe anzitutto fermare l'aggressione NATO ai paesi islamici. È vero ma probabilmente non basterebbe perché, in difetto di una adeguata iniziativa da parte dei paesi islamici, il governo americano è subito pronto a fare la sua parte infiltrando agenti che suggeriscano e organizzino gli atti più odiosi contro la gente inerme, come è già accaduto in Tunisia, in Francia e ovunque esistesse una qualche opportunità di pugnalare alle spalle. Del resto, questo è ciò che fu fatto anche nel passato con il sostegno in Germania alla RAF (Rote Arme Fraction) e in Italia alle BR (Brigate Rosse), fino al punto di dirigere con fredda determinazione l'assassinio di Aldo Moro, un alto esponente democristiano inviso agli americani a causa dei suoi sereni rapporti con il partito comunista di Enrico Berlinguer, con cui, al tempo del rapimento, stava discutendo la possibilità di una coalizione di governo.

È stato giustamente osservato che i cosiddetti alleati europei degli USA sono, in effetti, soltanto vassalli che vengono regolarmente costretti ad agire in maniere totalmente contrarie ai loro interessi sia immediati sia a medio o lungo termine. Le ripetute aggressioni ai paesi islamici hanno messo in moto non solo un feroce terrorismo essenzialmente anti-europeo ma anche un disperato flusso migratorio che si abbatte solo sull'Europa e non interessa affatto gli Stati Uniti d'America. Le cosiddette "sanzioni" alla Russia, messe in atto con motivazioni altamente strumentali, come vedremo nel capitolo 12, fanno perdere affari e credibilità ai paesi europei che non hanno alcun interesse a litigare sul nulla con un vicino potente e d'altra parte assai più ragionevole dei lontani e litigiosi americani. Questi continuano a dichiarare di prepararsi a una nuova guerra mondiale che peraltro, secondo loro, dovrebbe essere combattuta qui da noi e non certamente da loro.

Oggettivamente e senza alcuna esagerazione, l'attuale comportamento dei nostri sedicenti alleati ricalca fedelmente quello di Adolf Hitler negli anni '30 del ventesimo secolo. Hitler tenne a lungo un comportamento aggressivo e inflessibile che gli valse la sincera stima dei governi europei di quel tempo che sopportarono senza fiatare l'annessione dell'Austria e della Cecoslovacchia prima di ribellarsi, finalmente, solo di fronte all'invasione della Polonia nel 1939. Anche allora, gli unici due governi che si opposero alla strapotenza tedesca furono Gran Bretagna e Francia che, pur rendendosi perfettamente conto della propria debolezza militare e logistica nei confronti della potente Germania, ritennero che si dovesse tentare il tutto per tutto per fermare il dittatore scatenato, anche se a quel tempo nulla si sapeva ancora di preciso dei suoi delitti contro l'umanità. Fu precisamente il disegno di un mondo unipolare a guida tedesca a perdere la Germania.

Gli Stati Uniti, nel periodo seguente il disfacimento dell'Unione Sovietica, si sono auto-convinti di volere e dovere creare un mondo parimenti unipolare in cui l'unica potenza dominante fosse la loro. Già questa è con tutta evidenza una pretesa arrogante, stupida, più volte condannata dalla storia e non realistica, anche se fosse concepita da un paese mille volte più equilibrato e più pacifico del loro. Purtroppo, però, la pretesa nasce anche da una congrega di finanzieri pazzi criminali di cui l'apparato di governo americano è a sua volta vassallo, anche se si tratta di un vassallo complice e consenziente. Assistiamo a dichiarazioni politiche incredibili e inconcepibili, come quelle di Hillary Clinton che promette, nel caso in cui fosse eletta alla presidenza del paese, una guerra all'Iran, sia detto per inciso, con motivazioni strumentali che io non capisco, e comunque con un'elevata probabilità di mettere in moto una guerra mondiale dato che l'Iran è alleato con la Russia di Putin che ha ripetutamente chiarito di non essere disponibile a un totale abbandono del campo come quello che purtroppo ebbe luogo durante il periodo della presidenza di Eltsin.

Gli Stati Uniti hanno enormemente esagerato con le loro manie di grandezza e la conseguenza è che le loro continue guerre e le loro numerosissime basi ormai pesano troppo anche sul loro debito pubblico oltre che sulla vita di milioni di persone. La domanda continua dello stato di costose forniture ad alcuni settori privati produttori di armi e di servizi militari ha prodotto un buco economico gigantesco che ora alcuni settori del governo evidentemente sognano di ripianare scatenando una guerra mondiale e rubando risorse a paesi ricchi di materie prime che sperano, peraltro senza basi concrete, di riuscire a battere e a soggiogare. Per questo motivo si sono piazzati in Ucraina, per questo motivo sognavano addirittura di sbarcare in Crimea e farne una base privilegiata per aggredire il cuore della Russia, un paese da molti anni pacifico che solo da pochi anni è riuscito a sottrarsi alle grinfie della finanza internazionale che, ai tempi delle privatizzazioni selvagge di Eltsin, lo aveva ridotto in una condizione caotica. Per non accorgersi del pericoloso parallelo con il periodo hitleriano che precedette immediatamente la seconda guerra mondiale bisogna essere completamente ciechi e/o completamente drogati dalla malsana propaganda di regime. La storia ci dice che anche allora la maggioranza degli italiani era d'accordo con la politica filo-hitleriana di Mussolini. Certo, trovarsi ora una seconda volta dalla parte degli aggressori è molto triste.

Come andrà a finire questa inquietante scalata di provocazioni belliciste? Certo, esiste anche la remota possibilità che questa assurda tendenza venga invertita ma l'ipotesi, alla luce dei fattori economici e finanziari che dirigono gli USA, appare per il momento poco realistica. Le altre possibilità sono soltanto due: o uno scontro diretto che regoli finalmente i conti, come accadde nel caso del nazismo oppure un collasso economico degli Stati Uniti, come accadde nel 1989-1991 all'Unione Sovietica che si trovò in condizioni di non potere più provvedere a un'adeguata autodifesa.

C'è però un'importante differenza tra gli USA di oggi e l'Unione Sovietica di un quarto di secolo fa. L'URSS era indipendente dalla finanza internazionale, la sua politica era decisa unicamente da uomini politici che, bene o male, erano dediti a servire il paese nel suo complesso. Pertanto, le decisioni che furono prese nel drammatico giorno di Natale del 1991 potevano essere giuste o sbagliate, potevano anche essere frutto di ingerenze straniere in aree delicate del paese, però non erano condizionate unicamente da magnati multimiliardari che

desideravano solo accumulare ancora più risorse e più potere.
Negli USA è vero tutto il contrario: né il governo del paese né la
sua opposizione hanno un minimo grado di libertà dalle potenti
lobbies che determinano l'elezione del presidente, le azioni del
governo, il lavaggio del cervello dei cittadini-elettori da parte
dei *media*. A meno di una specie di miracolo, non mi pare
affatto probabile e forse neppure realistico che i personaggi che
dirigono nell'ombra tutte le azioni dell'America e dei suoi
alleati-vassalli accettino senza tentare di reagire che il loro
paese di riferimento possa dichiarare fallimento come fece
l'URSS in quel drammatico giorno di Natale del 1991. Piuttosto,
mi pare più probabile che siano pronti a sacrificare la vita di
qualche centinaio di milioni di persone in un epico scontro che,
nella loro mentalità, dovrebbe spazzare via il campo dalle
difficoltà che ancora oggi pongono loro alcuni limiti, pochi
certamente ma fin troppi per la loro mentalità. Possono essere
incompetenti, stupidi, pazzi, criminali ma non per questo non
stiamo rischiando di essere trascinati da costoro in un immenso
disastro. L'unica cosa che possiamo fare per diminuire la loro
arroganza è di lottare per sciogliere questa diabolica alleanza
nella quale siamo invischiati, ma dovremmo farlo al più presto
perché il tempo stringe. Anzi, mi permetto anche di esprimere
una facile previsione: nella situazione attuale creata dalla guerra

123

russo-ucraina esistono soltanto due possibilità: o l'Europa troverà la forza e i modi pratici per sganciarsi dagli Stati Uniti o sarà precipitata dal suo ingombrante alleato in un baratro del quale l'unica incognita è la profondità.

10. Il CALIFFATO ISLAMICO

Le terre che si affacciano sul mar Mediterraneo furono, in un primo tempo, latinizzate, poi cristianizzate e poi ancora islamizzate, il tutto nell'arco di un millennio circa (dal 250 a.C. al 750 d C.). La *reconquista* spagnola nel secolo 15° e la caduta dell'impero Ottomano agli inizi del secolo 20° riconsegnarono ai cristiani praticamente tutta l'Europa, salvo una piccola area della Tracia, mentre agli islamici rimasero tutto il Nordafrica e il Medio Oriente. La situazione si complicò nel 1947 con la creazione sulla carta di due piccoli stati, uno ebraico e uno arabo-palestinese in Palestina e ancor di più in seguito ai conflitti che diedero spazio allo stato ebraico di Israele a spese dello stato arabo-palestinese che in pratica si ridusse a piccole tracce di ciò che avrebbe dovuto essere secondo l'originaria delibera dell'ONU. Ancor di più la situazione si aggravò per la pretesa americana di sostenere lo stato di Israele nei suoi confini di fatto, anche indipendentemente dalle sue buone ragioni e poi anche (dopo il 1989) per le ripetute aggressioni della NATO a diversi stati islamici: Irak (1991, 2003), Afghanistan (2002), Somalia (dal 1993 a oggi), Libano (1982-2006), Libia (2011), Siria (dal 2011 a oggi). La liquidazione fisica del presidente irakeno Saddam Hussein (2006) e di quello libico Muammar Gheddafi (2011) valse a esasperare la situazione nella quale si svilupparono come un incendio diversi gruppi terroristici. A tutto questo si aggiunge l'ininterrotto conflitto ebraico-palestinese che comportò negli anni l'assassinio di diversi esponenti palestinesi e di alcuni israeliani tra i quali i più famosi e rappresentativi furono Yitzhak Rabin (1995) e Yasser Arafat (2004), entrambi fautori di una speranza di pace che certamente, con la loro scomparsa, si è allontanata.

L'incoraggiamento esplicito dell'estremismo islamico da parte americana risale anche a tempi più lontani, precisamente quelli della rivoluzione khomeinista in Iran, evidentemente finalizzata a detronizzare lo scià che pretendeva ormai troppa indipendenza e il controllo di troppe risorse e che minacciava di accompagnare il suo popolo verso l'era moderna. Una politica analoga svolsero nello stesso periodo i nostri alleati di oltre oceano in Afghanistan, foraggiando in ogni modo possibile gli

126

oppositori religiosi contro un regime laico e moderno che tuttavia aveva per loro il grave inconveniente di essere filorusso. L'invasione sovietica dell'Afghanistan, avvenuta nel 1980, fu dovuta evidentemente a un colpo di testa russo contro il lavorio quotidiano di coloro che tentavano di cacciarli ributtando il paese nel medioevo. Ne seguì un aperto aiuto e incoraggiamento a una resistenza antirussa che tuttavia non aveva precisamente i connotati di un gruppo civilizzato. Dunque, l'incoraggiamento da parte americana del terrorismo islamico viene da molto lontano e si può valutare che abbia tormentato il medio oriente da circa quattro decenni a questa parte. La vicenda della Cecenia, che raccontiamo nel capitolo dedicato a Putin, è esemplare sotto questo punto di vista.

Particolarmente caotica e violenta divenne la situazione dell'Irak e della Libia dopo l'uccisione dei rispettivi leader, Saddam Hussein e Muammar Gheddafi. Questa amara esperienza avrebbe dovuto spingere qualsiasi testardo interventista ad astenersi da ulteriori colpi di testa, ma non fu sufficiente per il governo americano e i suoi alleati che, subito dopo la Libia, tentarono ostinatamente di destabilizzare la Siria foraggiando e armando migliaia di mercenari e ripetendo fino alla nausea lo slogan *"Assad must go"*. Se ne deduce che l'obiettivo della NATO non poteva essere quello dichiarato nei comunicati ufficiali ma certamente un altro, forse la caduta di un regime alleato con la Russia e non interessato a mantenere un canale privilegiato con l'occidente e con le istituzioni economico-finanziarie da esso garantite e difese, forse anche il controllo di un territorio di grande importanza per il trasporto del petrolio estratto nei deserti dell'entroterra. A questo scopo il governo USA continua dal 2011 a incoraggiare e foraggiare terroristi che, nei quattro anni ntercorsi, hanno già provocato la morte di quattrocentomila persone, la maggior parte civili del tutto innocenti e ignari di geopolitica.

Il terrorismo medio-orientale ha tratto un beneficio di tipo decisamente nuovo dalla destabilizzazione di Irak, Siria e Libia: la fondazione di una entità operativa avente alcune caratteristiche che la avvicinano superficialmente a un autentico stato, con una organizzazione tecnologica e commerciale piuttosto moderna ma con una filosofia teorica e operativa collocata in pieno medioevo e anche peggio. Si è trattato di un notevole salto di qualità del terrorismo islamico, ora organizzato in uno "Stato islamico dell'Iraq e della Siria" (ISIS).

Le origini del gruppo si possono rintracciare nello "Stato islamico dell'Irak" (2006-2013), fondato da Abu Mus'ab al Zarqawi nel 2004 per combattere l'occupazione americana dell'Irak e contro il governo-fantoccio iracheno sostenuto dagli USA dopo il rovesciamento di Saddam Hussein. Bisogna ricordare, a questo proposito, che il governatore americano dell'Irak occupato, Paul Bremer, aveva decretato lo scioglimento dell'esercito irakeno e il licenziamento in tronco di quattrocentomila soldati negando ad essi persino la possibilità di entrare nel nuovo esercito o di poter richiedere la pensione. È chiaro che questo vero e proprio esercito di disperati ha iniziato ben presto a organizzarsi per cacciare l'usurpatore straniero e per recuperare la possibilità di lavorare e in generale il controllo del proprio paese, occupato e ampiamente privatizzato, cioè derubato a spese dei suoi sfortunati cittadini.

A partire dal 2012 lo Stato Islamico dell'Iraq è anche intervenuto nella guerra civile siriana iniziata da cosiddetti ribelli, Jahdisti prezzolati dagli USA contro il governo di Bashar Assad e nel 2013, dopo aver conquistato una parte del territorio siriano e avere scelto come propria capitale la città di Raqqa, ha cambiato nome in "Stato Islamico dell'Iraq e della Siria". È da allora che si sente parlare di ISIS.

Nel 2014 l'ISIS ha espanso il proprio controllo in ulteriori aree di territorio iracheno proclamando la nascita del "califfato" il 29 giugno 2014. Tale espansione ha coinciso con una netta presa di distanza da al-Qa'ida della quale l'ISIS da ex alleata è diventata il principale concorrente. Inoltre, l'organizzazione è anche comparsa nella regione egiziana del Sinai e nelle province libiche di Barqa e Tripoli.

L'espansione territoriale dell'ISIS l'ha portata a dominare su un vasto territorio con una popolazione di diverse decine di migliaia di abitanti. Tutta questa gente, se è di religione islamica di rito sunnita può essere lasciata in vita ma non per questo può essere reclutata tra i combattenti che devono essere persone "sicure", che hanno sposato la causa senza dubbi né esitazioni di sorta. Sorprendentemente, ma in fondo non poi troppo, il nerbo dell'esercito combattente è composto almeno in parte da "credenti" islamici sunniti nati e cresciuti in Europa, a volte rimasti disoccupati a causa degli eccessi ultraliberistici del sistema finanz-capitalista, a volte anche apparentemente integrati nel sistema ma poi fulminati dalla fede come Saulo sulla via di Damasco e ritornati nella patria di origine per combattere in modo cruento quelle di adozione. Se si tenta il confronto con altri gruppi terroristici, per esempio le Brigate Rosse (BR) italiane, organizzazione che operava separatamente anche in Germania con il nome di Rote Arme Fraction (RAF), salta all'occhio una evidente differenza: mentre gli obiettivi

130

sensibili di BR e RAF erano sempre di carattere politico (magistrati, uomini politici, dirigenti di grandi industrie etc.), pare invece che ai terroristi islamici basti uccidere a caso qualche cittadino di qualsiasi paese, assumendo che la maggioranza delle vittime in determinate località (musei nazionali come il museo del Bardot di Tunisi, spiagge di località balneari, aerei russi, stadi, discoteche, cinema o supermercati parigini, quartieri commerciali di Nizza e di Berlino) non siano per la maggioranza fedeli islamici sunniti ma piuttosto cristiani o persone prive di qualsiasi religione. Nel complesso, criteri di aggressione tanto generici e, se non fossero tragici, tanto ridicoli e letteralmente di interesse puramente psichiatrico fanno pensare a una sorta di pazzia collettiva che, per potere essere fermata, richiede un'adeguata diagnosi sociale che generalmente quasi nessuno dei paesi colpiti sembra in grado di esprimere. Al contrario, la malafede con cui i paesi europei si rifiutano di analizzare le loro gravi responsabilità in materia di provocazione ai paesi islamici e non islamici nonché di incoraggiamento oggettivo del terrorismo, la malafede dicevo, lascia poche speranze di rimediare in tempi brevi alla tragica situazione attuale.

Forse, ciò che non era stato pienamente previsto dagli apprendisti stregoni è che, a differenza dei tradizionali gruppi terroristici, dotati unicamente di una struttura clandestina paramilitare, l'ISIS si sarebbe organizzata anche politicamente, appropriandosi delle risorse economiche situate nei territori occupati (essenzialmente pozzi di petrolio) e offrendo servizi amministrativi e di polizia ai residenti, mantenendo in servizio quelli impegnati in servizi logistici essenziali e imponendo tasse alle migliaia di cittadini islamici (purché sunniti) catturati nel nuovo stato con le loro case e le loro attività. Per altro verso l'organizzazione ha massacrato e continua a massacrare migliaia di persone innocenti per il semplice fatto che non desiderano convertirsi all'Islam o perché seguono l'ortodossia sciita e non quella sunnita, l'organizzazione rapisce e vende come schiave giovani donne anche cristiane o mussulmane sciite. Ciononostante, l'ISIS ha trovato in medio oriente vari alleati strategici: in particolare, in Siria il gruppo di al-Nuṣra che è poi quello addestrato, finanziato e usato dagli USA sotto la buffa definizione di "ribelli moderati" contro il governo di Bashar Assad, in Irak i ba'thisti rappresentati da Raghad Hussein, figlia di Saddam, il presidente irakeno rovesciato e ucciso dagli americani, in Nigeria il leader della sanguinosissima setta di Boko Haram, in pratica una sorta di succursale africana del terrore capeggiata da tale Abubakar Shekau. Nell'agosto del 2014 un sedicente alto comandante dello Stato Islamico ha dichiarato che "nella Siria orientale non c'è più nessun Esercito Siriano libero (al-Nuşra), dato che tutti i membri dell'Esercito Siriano libero si sono uniti allo Stato Islamico". Questa dichiarazione smentisce i continui tentativi americani di distinguere i terroristi in diverse categorie di comodo e smentisce anche clamorosamente tutti coloro (e sono molti!) che negano l'esistenza di responsabilità dirette degli USA nella nascita e nello sviluppo dell'ISIS.

Secondo l'Osservatorio siriano per i diritti umani lo Stato islamico ha reclutato più di 6.300 combattenti soltanto nel mese di luglio 2014, molti di loro provenienti proprio da al-Nuşra. Le vittime dei terroristi sono già molte migliaia, soldati siriani e irakeni, civili cristiani o mussulmani sciiti e ancora semplici giornalisti sfortunatamente catturati in circostanze casuali. Nessuno può negare che l'ISIS sia certamente un'entità da combattere e da annichilire nel tempo più breve possibile ma ciò che non è affatto chiaro alla generalità dei governanti europei sono le radici del male e quindi anche le modalità geopolitiche con cui un simile risultato potrebbe essere conseguito.

L'ISIS è con tutta evidenza una forma estrema di reazione patologica alle vicende degli ultimi tre quarti di secolo in medio oriente che rappresentano, in se stesse, una patologia sociale indegna di un mondo civile ma utilizzata con estremo cinismo. La fondazione dello stato di Israele, nel 1947, era già di per sé un fatto traumatico e anche violento che sarebbe stato difficile far digerire agli arabi, anche nelle migliori condizioni possibili. Personalmente ritengo che sarebbe stato assai meglio varare uno stato palestinese non confessionale, aperto a ebrei, arabi, cristiani o a chiunque altro, almeno entro certi limiti temporali a partire dalla data della sua fondazione. Si è ritenuto di agire diversamente accettando l'idea secondo me aberrante dell'esistenza di due stati costituiti su una base confessionale. Probabilmente si è sbagliato molto seriamente e si è messo in piedi un gigantesco caos. Però, ancora peggio è stato tutto ciò che è venuto dopo, soprattutto dopo la caduta della Unione Sovietica: la NATO, facendosi forte della temporanea debolezza russa, ha aggredito diversi paesi arabi, ha ucciso nel complesso ben oltre un milione di persone, per la maggior parte civili, ha invaso e derubato platealmente paesi laici e fieri come l'Irak, l'Afghanistan, la Libia, il Libano, la Siria, riducendo alla povertà e alla disperazione milioni di persone. Come si poteva pensare che tutto ciò sarebbe passato inosservato e invendicato? La rabbia, l'orgoglio, la miseria degli arabi sono state purtroppo incanalate nel terrorismo più spietato e più estremista che si possa, o non si possa, immaginare, bandiera nera contro l'impero del male, non un immaginario ma in effetti un *autentico* impero del male. Nel suo magistrale discorso all'assemblea dell'ONU, il 26-30 settembre 2015, il presidente della Federazione Russa Vladimir Putin, rivolgendosi alla delegazione USA parlando di Medio Oriente, ha detto: "Vi rendete conto almeno di ciò che avete causato?"

Pochi mesi dopo questo storico evento, il governo turco ha ordinato l'abbattimento di un aereo russo impegnato in una campagna di contenimento dell'ISIS in Siria. Incredibilmente, tutta la NATO e in modo particolare il suo capo virtuale, Obama, si è schierata in modo abbastanza compatto con gli aggressori contro l'angelo vendicatore russo. A nulla è valsa persino l'esibizione delle prove fotografiche di un gigantesco traffico di petrolio rubato dalla Siria verso la Turchia per dimostrare i loschi motivi dell'aggressività turca. I mercanti di morte della NATO sono pronti a chiudere entrambi gli occhi su ordine superiore e gli ordini superiori sono stati evidentemente di creare, nutrire e conservare la mostruosa creatura che affligge il Medio Oriente e l'Europa, limitandosi a cantare inni nazionali per cercare di dimostrare al popolo di avversarla. Il confronto con la delirante ascesa di Hitler appare ormai persino inadeguato per descrivere una situazione internazionale gravissima come quella oggi in atto. L'impero USA che abbiamo conosciuto negli anni 1990-2016 merita ormai assolutamente la definizione di impero del male e i suoi alleati la definizione di inqualificabili suicidi in ostaggio a capi inadeguati, stupidi e corrotti o forse gente maligna e corrotta essi stessi.

Le vicende seguenti, dai successi militari russi in Siria alle miserabili ritorsioni americane e francesi con distruzione di ospedali e uccisione di diverse centinaia di semplici civili siriani, dal colpo di stato in Turchia allo scatenamento del terrorismo islamico in Europa con centinaia di vittime, suggeriscono che l'irresponsabile politica occidentale di destabilizzazione in medio oriente e Nordafrica sia giunta ormai al capolinea e che per concluderla del tutto sia necessario il disfacimento della NATO che, per motivi oggettivi, ormai non dovrebbe tardare ad arrivare. Almeno lo si spera perché l'unica alternativa possibile è il disastro mondiale.

11. LA RUSSIA DI PUTIN

Il nuovo ordine mondiale (NWO), preparato a partire dagli anni '70 del secolo XX e inaugurato nella notte tra il 25 e il 26 dicembre 1991 a dispetto di Gorbaciov e di tutti coloro che in lui avevano creduto e sperato, si trascinò tra alterne e tragiche vicende per una decina di anni e, sebbene fosse entrato in crisi già dai primi anni del 21° secolo, ancora oggi continua a sopravvivere nella mente di una parte dei dirigenti politici americani ed europei. L'idea di un NWO a direzione unipolare è evidentemente molto rozza e decisamente avventuristica già in linea teorica, perché nessuno dovrebbe mai osare di candidarsi a una *leadership* tanto vanamente impegnativa e tanto moralmente iniqua. Tuttavia, se il candidato alla leadership fosse un soggetto molto diverso dal complesso USA-UE-NATO, per esempio un paese con un governo genuinamente amante della pace, come per esempio l'Islanda o il Tibet, il mondo unipolare sarebbe forse tollerabile per un periodo limitato, finché permanessero le condizioni umane indispensabili alla sua sussistenza. Purtroppo, o forse per fortuna, invece è accaduto tutto il contrario: il candidato alla leadership si è rivelato già prima di candidarsi ciò che del resto già sembrava fin dall'inizio della sua criminosa storia: inaffidabile, megalomane, tendente al tradimento e alla menzogna nei confronti dei suoi stessi alleati, cospiratore cronico, incapace di prevedere le probabili conseguenze delle sue stesse azioni, assassino, mentitore, calunniatore, testardo e brutale oltre ogni immaginazione e anche oltre ogni ragione politica, avido oltre ogni ragionevolezza economica o anche soltanto criminale. Pertanto, il candidato ha perduto da tempo non dico il diritto, perché nessuno lo ha mai avuto, ma semplicemente la pura e semplice possibilità umana di farsi sopportare da partner, alleati e avversari che egli ha dimostrato di considerare tutti come oggetti da sfiancare, danneggiare e abbattere riducendoli a mere risorse del tutto incapaci di reagire. Una tale visione del mondo non solo è immorale e sleale ma è anche stupida in quanto assolutamente non realistica e del tutto indegna per chiunque, figuriamoci poi per qualcuno che aspira addirittura alla direzione generale del pianeta. Il candidato ha dunque subito una netta bocciatura da parte di tutti coloro che conservano una minima indipendenza di giudizio ed è semplicemente seguito acriticamente soltanto dagli stupidi oppure da personaggi molto corrotti che accettano senza tanti problemi l'elezione o la nomina a una carica di rango elevato a fronte dell'impegno personale, del resto potenzialmente spergiuro, di aderire acriticamente a una concezione dannosa per i propri stessi cittadini e deleteria per l'ordine mondiale.

Purtroppo, per alcuni anni, l'idea del NWO non è stata apertamente contestata da nessuno né nei paesi, del resto vassalli cronici, componenti del cosiddetto occidente, né nella Russia di Eltsin che in definitiva fu a sua volta per un breve periodo uno stato satellite che rischiò seriamente e fortemente di diventare una colonia nata male sul NWO. Solo alla fine del 1999, l'improvviso ritiro di Eltsin e la nomina di Vladimir Putin a presidente supplente già per i mesi che separavano le dimissioni dell'alcoolista Eltsin dalle nuove elezioni aprì finalmente una nuova prospettiva alla Russia e con essa al mondo.

Di Vladimir Putin ciò che veramente importa è di sottolineare è la sua fondamentale intuizione politica dopo il decennio della tumultuosa e pressoché criminosa transizione del periodo di Eltsin dal socialismo al capitalismo: nel momento in cui ebbe in mano le leve del comando, Putin aveva già ben compreso che le

139

risorse sono potere non solo per i privati ma anche per lo Stato e che pertanto, se voleva essere a capo di uno stato forte, capace di riprendere il ruolo internazionale che aveva perso (e con quali terribili conseguenze anche internazionali!), doveva necessariamente riprendere il controllo pubblico di un'adeguata fetta di risorse e, naturalmente, di un certo numero di giornali e di reti televisive che servissero a presentare il punto di vista del governo sui temi caldi. Con molta energia e abilità, Putin riuscì in pochi anni a nazionalizzare circa il trenta per cento della produzione petrolifera nazionale mettendo in piedi la famosa azienda di stato Gazprom. Questa operazione non soltanto valse ad assicurargli saldamente il potere ma dimostrò anche – seppure ve ne fosse stato bisogno – che il modello neoliberista di privatizzazione selvaggia lascia lo stato non solo in una totale povertà, che impedisce comunque di portare avanti qualsiasi progetto articolato, ma anche e soprattutto in una totale impotenza che finisce per fare apparire soltanto patetici i suoi massimi rappresentanti. Dietro la sorprendente incapacità politica e falsità comunicativa di personaggi come Obama, per non parlare di certi altri personaggi europei, si intuisce che essi non decidono nulla senza essere stati prima imbeccati dai boss della finanza che li sponsorizzano e che li tengono sotto continuo controllo. Il programma finanz-capitalistico nei tre

140

comandamenti *(a) privatizzazioni, (b) de-regulation, (c) tagli agli enti pubblici* è letteralmente un programma strettamente privato di demolizione dello Stato che viene disinvoltamente sostituito da una piccola banda di malfattori priva di principi morali di qualsiasi tipo, priva di ogni ideale che non sia quello dell'arricchimento personale di pochissimi e capace solo di considerare il cittadino comune come una risorsa da mungere, tosare, spennare, bollire ed eventualmente mandare al macello in guerre ciniche. La grandezza di Putin è stata di superare il modello suddetto, proprio quando esso veniva proposto come norma universale, e di crearne uno nuovo, sostanzialmente neo-keynesiano, ad esso completamente alternativo, tanto alternativo da avere conseguito un successo totale, successo aborrito dagli avversari che si rifugiano nella maldicenza e nella calunnia pura e semplice. Nessun capo di stato è stato calunniato quanto Putin e nessuno lo è stato altrettanto ingiustamente. Putin è un abilissimo giocatore di scacchi che per vincere non ricorre all'intrigo ma piuttosto mette in evidenza le debolezze e le contraddizioni dell'avversario.

Negli ultimi anni è apparso evidente che lo pseudo-stato finanz-capitalista può condurre l'umanità solo alla rovina perché la trascina inevitabilmente e furiosamente verso il disastro ambientale e verso la guerra totale, perseguendo non più interessi nazionali ma solo grandi interessi (del resto solo a brevissimo termine) di finanzieri multimiliardari. Il finanz-capitalismo non può fare altro, perché non sa fare altro, perché non contempla altri principi se non l'opportunismo del massimo guadagno privato immediato con il quale i popoli, se non accettano di cedere su tutta la linea, finiscono ben presto per trovarsi in una totale rotta di collisione. L'originalità di Vladimir Putin sta nell'aver compreso l'essenza di questi fondamentali concetti e nell'avere reagito alla corrente internazionale dominante con una proposta politica diversa invece che con un adeguamento, come hanno fatto invece quasi tutti gli altri, proposta di successo per lui personalmente, per la Russia come grande potenza risorgente e potenzialmente anche per i paesi terzi che con la Russia hanno la fortuna di interagire positivamente. Putin si è posto esplicitamente come difensore non solo della legalità internazionale ma anche della moralità contro la pretesa americana di reggere il mondo solo per mezzo dell'arbitrio capriccioso e opportunistico del più potente, si è posto esplicitamente come fautore di un mondo multipolare e non unipolare, di un mondo in cui le trattative e non le guerre siano il mezzo fondamentale per risolvere le controversie internazionali. Sono proposte che, se non fosse stato obbligato a diverse operazioni militari dalle continue trame USA, lo avvicinerebbero più a un grande capo religioso piuttosto che a un normale capo di stato di stampo occidentale, sono proposte talmente forti da far comprendere, anche se non certamente da giustificare, l'odio, le calunnie e il vero e proprio terrorismo che i sedicenti capi di stato del mondo finanz-capitalista, in effetti dipendenti dei grandi finanzieri, gli hanno lanciato e continuano a lanciargli addosso.

Putin ha anche cercato di costituire un polo alternativo non solo dal punto di vista della organizzazione economica ma anche da quello filosofico e ideologico. Il cosiddetto "eurasiatismo" portato avanti dal filosofo russo Aleksander Dugin rifiuta in sostanza il sedicente neoliberismo non soltanto perché inadeguato alle esigenze economiche di qualsiasi società onesta ma anche e soprattutto perché *immorale*. I filosofi eurasiatisti credono fermamente che nel mondo esistano il bene e il male, anche se non sempre si possono facilmente separare con un taglio netto (talvolta anche sì, tuttavia). L'eurasiatismo cerca di valorizzare le tradizioni dei popoli in generale e del popolo russo in particolare e di rimarcare le profonde differenze rispetto alle nuove concezioni di vita neoliberiste e pseudo-democratiche del mondo occidentale del resto di matrice USA. Gli ideali di sempre restano l'etica con la difesa della propria famiglia, della propria patria, della propria religione, certo vissuta laicamente ma non ammainata come una bandiera ormai inutile rispetto alla prepotenza di chi issa bandiere nere e propone decapitazioni o anche di chi vuole imporre a tutti di vivere non solo laicamente ma proprio senza nemmeno l'ombra del concetto di Dio.

Tutto quanto ho scritto finora potrebbe sorprendere e addirittura potrebbe sdegnare molto, considerato il tipo di propaganda che, a partire dal 24 febbraio 2022 (giorno di inizio della guerra russo-ucraina), è circolata in Europa, contribuendo molto a peggiorare decisamente l'immagine di Putin nel mondo occidentale. In accordo con i migliori manuali della propaganda si è fatto finta di ignorare tutte le provocazioni ricevute dalla Russia e invece si è esplosi in un simulato sdegno senza precedenti quando Putin, dopo otto anni di stoica sopportazione, ha infine deciso di reagire alla violenza che ormai da otto anni si stava abbattendo sulla autoproclamata repubblica filorussa del Donbass con il risultato di non meno di tredicimila morti causati da bombardamenti e attentati susseguitisi dal 2014 al 2022.

Era chiaro che anche le continue provocazioni della Commissione Europea e del parlamento europeo tendevano a sfibrare i nervi di Putin e a spingerlo a commettere qualche errore politico o strategico. Lo scopo degli USA, autentici ispiratori di questa campagna è stato nel passato la distruzione dell'Unione Sovietica ed è oggi quello della distruzione della Federazione russa, suo figlio alquanto minore, in effetti non tanto minore quanto i suoi nemici desidererebbero.

La Russia è, in effetti, un paese vastissmo e ricchissimo di risorse, poco popolato rispetto alla sua estensione. La serena e operosa collaborazione di questo paese con l'Europa occidentale da un lato e l'Asia dall'altro varrebbe a costituire un insieme economico largamente autonomo, in grado di mettere in difficoltà gli USA. L'imperativo categorico di questi ultimi è dunque di scongiurare questo pericolo, reso ancora più fosco dal sistema socioeconomico russo che certamente non è più di tipo socialista ma neppure è neoliberista come quello in auge in America e in Europa.

Dal 1945 fino al 1989 gli USA hanno lavorato alacremente per mettere in difficoltà, spezzare, distruggere l'Unione Sovietica. Una volta raggiunto un tale obiettivo grazie all'ingenuità disarmante di Michail Gorbaciov, si sono subito attivati per togliere di mezzo la Federazione russa, un obiettivo che sarebbe senz'altro riuscito se la Russia fosse stata guidata anche nel nuovo secolo da personaggi ingenui come Gorbaciov o corrotti e alcoolisti come Eltsin. È logico che Putin sia odiato e calunniato in occidente e in modo particolare negli USA proprio perché ha lavorato senza sosta per oltre un ventennio per liberare la Russia dalla condizione di servaggio in cui essa era stata ridotta dalla politica USA e occidentale ai tempi di Eltsin, a partire dal cosiddetto crollo del comunismo.

È il caso di ricordare che a causa dell'ingenuità di Gorbaciov il patto di Varsavia venne sciolto nel 1989 senza che la NATO subisse la stessa sorte. Inoltre, la NATO che, secondo gli accordi tra Gorbaciov e Reagan, sarebbe dovuta rimanere nella sua situazione di quell'anno, invece continuò a espandersi inglobando gli ex alleati dell'URSS e persino qualcuno degli ex stati sovietici divenuti indipendenti. Dalla frantumazione dell'URSS, avvenuta quasi improvvisamente nella notte di Natale del 1991, nacquero molti nuovi stati asiatici ed europei che giustamente il governo russo cercò di mantenersi come alleati nella cosiddetta CSI (Confederazione Stati Indipendenti). Purtroppo, alla diplomazia russa post 1991 si oppose immediatamente quella americana con lo scopo di reclutare nella NATO quanti più paesi che possibile e di destabilizzare quelli che nella NATO non volevano entrare. Tra gli ex partner della Russia, un posto davvero speciale è rappresentato dalla Ucraina, non solo per il fatto di essere molto popolosa (poco meno di 50 milioni di abitanti) e piuttosto estesa (circa 600 mila kmq) ma anche per quello di rappresentare un potenziale ponte tra est e ovest, con una notevole minoranza russofona. Purtroppo, la storia pregressa dei rapporti tra Russia e Ucraina aveva spesso visto i due popoli su fronti contrapposti fino al punto di aver combattuto i russi per il fronte alleato anti-nazista e gli ucraini per i nazisti nella seconda guerra mondiale. Non è questa la sede per approfondire la storia di questo secolare dissidio che comunque non impedì che un ucraino come Kruscev diventasse presidente dell'URSS. Questa circostanza, tuttavia non bastò per una pacificazione profonda e il nuovo stato dell'Ucraina, nato dal frazionamento dell'URSS, venne ben presto considerato dagli USA come terreno fertile per il loro piano di distruzione (da essi definita "contenimento") della Federazione russa che si estende tuttora su un'area molto vasta, pari a circa l'80% di quella sovietica.

Il 24 febbraio 2022, l'esercito russo penetrava in Ucraina per compiere una "operazione speciale" che prevedeva la distruzione delle basi militari ivi installate dagli anglo-americani, la difesa del Donbass, riconosciuto come stato indipendente, nonché il collegamento tra Donbass e Crimea, territorio ucraino a maggioranza russofona già occupato dai russi dal 2014 in seguito al colpo di stato filo-occidentale realizzato con i fondi USA e con la collaborazione di Biden jr e della signora Nuland,

147

ben nota per una sua spontanea battuta in risposta a qualcuno che le domandava come avrebbe reagito l'Europa al colpo di stato contro il presidente Yanukovich (fuck the Europe, cioè che l'Europa si fotta).

La guerra russo-ucraina, nel momento in cui io sto scrivendo queste note di aggiornamento, è ancora in pieno svolgimento, con una massiccia partecipazione NATO (sebbene per il momento limitata all'invio di armi anche pesanti) e non è facile prevedere né il suo esito né le sue conseguenze. Mi pare tuttavia utile ragionare brevemente sulle prospettive post-belliche a breve e a medio termine, assumendo che l'invio di armi possa continuare ancora per settimane o mesi.

Assumendo che la guerra sia stata volutamente provocata dalla NATO per combattere la federazione russa per mezzo dell'esercito ucraino (rinforzato dalle armi e delle sanzioni occidentali), ci si può chiedere per quanto tempo la federazione russa potrà resistere alla pressione combinata dell'esercito ucraino continuamente rifornito e rinforzato nonché delle sanzioni economiche.

La domanda da porre non già all'uomo della strada che non segue in modo particolare le vicende internazionali ma alle persone attente, imparziali e dotate di un senso di giustizia derivante da una concezione morale è la seguente: cosa poteva fare la federazione russa, il giorno 24 febbraio, invece di iniziare la sua difficile e contestatissima guerra?

Riassumiamo in poche righe gli ultimi 33 anni di storia: il presidente della Unione Sovietica Michail Gorbaciov, nel 1989, accetta lo scioglimento del patto di Varsavia e la liberazione da ogni impegno con l'URSS di Bulgaria, Romania, Ungheria, Cecoslovacchia, Polonia, Germania orientale (DDR) nonché la riunificazione di quest'ultima con la Repubblica Federale Tedesca (RFT) in cambio di quasi nulla, la garanzia che la NATO non si sarebbe più espansa verso est e un riduzione bilanciata delle testate nucleari. A questo uomo onesto, ingenuo, inadatto al ruolo di capo di stato, gli USA rispondono con oscure manovre geopolitiche che interferiscono pesantemente nel suo tentativo di riforma dell'URSS determinando invece il disfacimento dell'Unione con fuoriuscita di ben quattordici nuovi stati: le tre piccole repubbliche baltiche, la Bielorussia, l'Ucraina, la Moldavia, la Georgia, l'Armenia, l'Azerbaigian, il Kazakhstan, il Kirghizstan, l'Uzbekistan, il Tagikistan, il Turkmenistan. Altre due notevoli entità politiche caucasiche, il Daghestan e la Cecenia, rimasero invece legate alla nuova federazione russa come repubbliche federate. Nel complesso, un gran numero di russi rimane escluso dalla madrepatria

149

divenendo cittadini di paesi a maggioranza mussulmana. Michail Gorbaciov viene pensionato per cessazione dell'esistenza della sua posizione di presidente dell'URSS mentre al posto di presidente della nuova federazione russa viene eletto Boris Eltsin, un personaggio strettamente legato ad ambienti occidentali. Nel successivo decennio (1991-2000) la Federazione russa attraversa una crisi profonda abbandonando il comunismo, venendo dominata e strapazzata da mafie finanziarie legate ad ambienti occidentali e conoscendo tempi durissimi. Nell'anno 2000 subentra Vladimir Putin che inizia l'immenso lavoro necessario per riportare la federazione russa a occupare il posto internazionale dell'Unione Sovietica.

Gli agenti stranieri, tuttavia, non perdono tempo e fomentano disordini in Cecenia e in Georgia. Questi sono abbastanza seri da richiedere l'intervento di Mosca che in Cecenia trova la piena collaborazione dell'esponente locale Ramzan Kadyrov che riesce ad assicurare l'unità politica chiudendo le operazioni militari nel 2009 mentre in Georgia si risolve con la secessione dalla repubblica della Georgia delle regioni dell'Abcazia e dell'Ossezia del sud, assistite dall'esercito russo (2008).

È abbastanza facile da comprendere come gli eventi della Cecenia e della Georgia siano stati interpretati da analisti occidentali in senso il più possibile sfavorevole ai russi in generale e alla presidenza Putin in particolare. Per comprendere l'attivismo anche militare di Putin bisogna considerare l'ossessione americana di volere espandere la NATO non solo agli ex paesi del patto di Varsavia e della ex-Jugoslavia (un altro paese che hanno contribuito a distruggere) ma anche al maggior numero possibile di repubbliche ex sovietiche, in particolare alle repubbliche baltiche, alla Georgia e all'Ucraina. Vale senz'altro la pena di analizzare in maggiore dettaglio il caso dell'Ucraina.

12. Sulla vicenda dell'Ucraina

La guerra purtroppo scoppiata tra Russia e Ucraina nel 2014 non è affatto ciò che viene presentato nel cosiddetto *mainstream* occidentale. Si tratta di un dramma dovuto a diverse circostanze storiche, probabilmente a errori di diversi governi russi dei quali hanno tentato con successo di approfittare alcuni guerrafondai di professione.

Va detto anzitutto che l'Ucraina è un paese talmente simile alla Russia da potere agevolmente essere considerato come una sua regione. Le abitudini della gente sono simili, la lingua tanto simile al russo da permettere di comprendersi a vicenda due persone che si esprimano ciascuno nella sua lingua madre. In più, la religione cristiana ortodossa è la medesima, uguale è anche il patriottismo anche ingenuo che spesso lascia il popolo alla mercé dei demagoghi di destra o di sinistra.

La origini dell'Ucraina si confondono con quelle della Russia: nel medioevo, la regione di Kiev fu il fulcro dell'incontro tra Vichinghi e slavi orientali dal quale si originarono sia l'Ucraina sia la Russia che a Kiev ebbe la sua prima capitale prima di stabilire in Mosca, la "terza Roma", la capitale designata di un vasto impero dopo Roma e Costantinopoli.

I popoli di lingua ucraina rimasero compresi in parte nell'impero russo, in parte nel regno di Polonia-Lituania e in parte nell'impero asburgico. Nel 1922, a conclusione della rivoluzione russa iniziata nel 1917, l'Ucraina entrò nell'Unione Sovietica. Non tutti gli ucraini erano però entusiasti di questa unione né del comunismo stalinista sicché molti piccoli proprietari terrieri accettarono la proposta di Stalin di pagare una tassa "secca" (cioè indipendente dagli introiti) pur di non mettere in comune il raccolto. Purtroppo, il raccolto fu molto scarso ma Stalin che era ossessionato dalla collettivizzazione fu inesorabile con i piccoli agricoltori (Kulaki) e pretese pesanti tasse su guadagni in realtà mai percepiti, col risultato spaventoso della morte per fame di milioni di persone. Tra i moltissimi crimini di Stalin, lo sterminio degli ucraini fu il peggiore in termini quantitativi. Nel 1932 egli inviò anche i suoi feroci Commissari per spezzare la resistenza dei contadini Ucraini e forzare la collettivizzazione. L' Ucraina fu isolata, tutte le forniture di cibo ed il bestiame furono confiscati. Gli squadroni della morte del NKVD giustiziarono gli "elementi contro il Partito". Non soddisfatto di quanti Ucraini stavano venendo uccisi, Kaganovitch, (noto come "l'Adolf Eichman sovietico") stabilì addirittura una terroristica quota fissa di 10.000 esecuzioni alla settimana. Gli Ucraini furono uccisi a milioni (5-7 a seconda delle stime) e il paese rimase acefalo, privo della sua classe dirigente.

Con un simile precedente non ci si può stupire del fatto che, nel corso della seconda guerra mondiale, quando l'Ucraina fu invasa dai nazisti, molti ucraini si unissero a loro per combattere i sovietici. In questa feroce guerra civile vennero stabilite le fondamenta del movimento nazista ucraino nonché della inimicizia tra Ucraina e Russia. Alla fine della guerra, con la sconfitta della Germania, l'Ucraina rientrò nell'Unione Sovietica e nel 1954 il presidente pro tempore ucraino dell'Unione Sovietica Nikita Kruscev, forse conscio dei gravissimi torti subiti dalla sua terra, modificò i confini russo-ucraini "regalando" la Crimea all'Ucraina.

Questo breve riassunto degli eventi dell'ultimo secolo è utile per comprendere l'atteggiamento negativo di molti ucraini nei confronti dei russi, atteggiamento che spiega e giustifica non solo la proclamazione dell'indipendenza del paese al momento dello smembramento dell'Unione Sovietica ma anche i tristi eventi successivi dal 2014 in poi. Fino al 2014, infatti, al governo del paese si alternarono filoeuropei (come la Timoshenko) e filorussi (come Yanukovich) ma l'Ucraina si trovava già nel mirino dei governi americani che avevano investito somme rilevanti (quasi un miliardo di dollari) per impadronirsi del paese e per trasformarlo in un attivo laboratorio anti-russo. A tale progetto lavorarono in modo particolare il figlio di Joe Biden e la signora Nuland, rimasta famosa per la sua esclamazione "Fuck the Europe!" (L'Europa si fotta) in risposta a qualcuno che le chiedeva cosa avrebbe pensato l'Europa dei progetti americani. Le dimostrazioni anti-governative organizzate con il supporto USA nel mese di febbraio 2014 degenerarono rapidamente nel momento in cui comparvero sulla scena alcuni misteriosi cecchini aprendo il fuoco sia sui poliziotti sia sui manifestanti così da invelenire il clima e preparare le condizioni idonee per il colpo di Stato contro il governo democraticamente eletto. Anonimi tiratori mai identificati avevano già operato nelle fasi cruciali dei disordini verificatisi in Romania nel 1989, in Russia nel 1993, in Venezuela nel 2002, in Tailandia e Kirghizistan nel 2010, in Tunisia, Egitto, Libia e Siria nel 2011, tutti episodi sfociati in golpe (anche se non tutti andarono in porto) a danno dei governi al potere. In quei giorni, come

155

se tutto ciò non bastasse, venne fuori la registrazione di una conversazione tra il ministro degli Esteri estone Urmas Paet e il rappresentante dell'Unione Europea per gli Affari Esteri e la Politica di Sicurezza Catherine Ashton. In tale conversazione il primo rivelava alla seconda che i cecchini non erano stati mandati dal governo Yanukovich, ma agivano presumibilmente dalla parte opposta.

Il colpo di stato ebbe pieno successo anche se fu tutt'altro che incruento, essendo stati assassinati non solo alcuni cittadini e poliziotti scelti a caso ma anche diverse decine di sindacalisti bruciati vivi all'interno del palazzo dei sindacati di Sebastopoli oppure fatti segno di colpi di arma da fuoco se tentavano di sfuggire alla loro sorte.

Il nuovo primo ministro fu in prima istanza un imprenditore produttore di cioccolato e successivamente un attore che, in una fortunata serie TV ucraino-americana, aveva interpretato la parte di un presidente eletto per caso. Molto vi sarebbe da dire su questo personaggio legato mani e piedi agli USA ma per il momento ne faremo a meno.

La Russia reagì al colpo di stato americano che illegalmente avviava l'Ucraina verso un cammino del tutto diverso occupando la Crimea (senza sparare un solo colpo) e sostenendo almeno moralmente la ribellione del Donbass, regione orientale dell'Ucraina che, dopo gli eventi di Sebastopoli, proclamò l'indipendenza. Vi fu uno scontro tra truppe ucraine e soldati dal Donbass appoggiati da volontari russi e alla fine furono firmati i cosiddetti accordi di Minsk che prevedevano un'autonomia locale del Donbass all'interno dello stato ucraino. Purtroppo, tali accordi non furono mai messi in atto e anzi il Donbass iniziò ben presto a venire bombardato dagli ucraini con migliaia di morti (pare che siano stati 15 mila dal 2014 al 2022, quando infine Putin ordinò il contrattacco).

Questo rapido riassunto degli eventi è stato fatto per incoraggiare le persone in buona fede a documentarsi sulla guerra russo-ucraina del 2022 che i guerrafondai della NATO cercano in tutti i modi di fare passare come un'aggressione russa senza motivazioni di sorta.

In realtà, una valutazione un po' più equilibrata della situazione suggerisce che l'Ucraina, spinta dalla sua antica animosità nei confronti del paese fratello, sia caduta nella trappola americana che le proponeva di vendicarsi dei vecchi torti divenendo una base anti-russa armata fino ai denti. Dico trappola perché è molto improbabile che gli strateghi americani non abbiano previsto che la Russia avrebbe potuto reagire e anzi abbiano messo in conto una tale evenienza per orchestrare una furiosa campagna anti-russa, mettere in atto nuove sanzioni a carico anche dei cosiddetti alleati, in effetti vassalli europei, sempre a carico almeno in parte dell'Europa armare la cosiddetta resistenza ucraina consumando le risorse russe ed europee in uno scontro senza fine e creando una barriera di divisione tra Europa e Russia, due entità confinanti che avrebbero molto da guadagnare dalla loro reciproca collaborazione.

A volte mi domando come sarebbe oggi il mondo se nella prima guerra mondiale non fosse stato distrutto l'impero austro-ungarico. Se l'impero avesse potuto conservare la sua unità, certo oggi sarebbe diverso da ciò che era ai suoi tempi. Va riconosciuto che fu comunque un'entità ammirevole che un secolo prima del tentativo dei cosiddetti padri fondatori dell'Europa, era riuscito a mettere insieme austriaci, ungheresi, boemi, slovacchi, polacchi, ucraini e italiani in una unità politica per quei tempi troppo democratica e troppo avanzata per potere essere compresa dai nazionalisti che invece sognavano di segnare un confine non appena la lingua del vicino incominciava ad apparire vagamente diversa dalla propria, sognavano un mondo che si è rivelato piccolo e miope e che purtroppo ha aperto la strada a grandi storture. Sì, tutto sommato, mi sento paternamente comprensivo nei confronti di questi paesi che si attardano con almeno mezzo secolo di ritardo nell'apprezzamento di un'alleanza oppressiva, aggressiva e assolutamente non conveniente per loro e ancor meno per noi: un sedicente amico che abita in un altro quartiere e che fa

tutto il possibile per farci litigare con i nostri pacifici e operosi vicini di casa. Perché mai dovremmo seguirlo nelle sue follie? E perché mai dovremmo sopportare l'autorità di un amministratore condominiale al quale non va mai bene nulla e che ci obbliga a spendere soldi per interventi inutili e invece a risparmiare all'osso su questioni essenziali che interessano la nostra vita quotidiana?

Fuori dalle metafore, perché proseguire in una umiliante e assolutamente disastrosa alleanza con gli USA, che fanno tutto il possibile per rovinarci i rapporti con la Russia, il nostro vicino naturale partner commerciale e culturale? Perché tollerare ancora una sedicente Unione Europea che ha completamente perso gli ideali e gli obiettivi dei padri fondatori della CEE (Comunità Economica Europea) che erano quelli di creare una grande federazione animata da principi socialdemocratici e keynesiani, indipendente sia dalla Unione Sovietica comunista, sia dagli USA ultracapitalisti? Una tale federazione, purtroppo, non è mai nata perché la finanza ne ha inquinato i principi fondanti che erano lontanissimi da quelli del trattato di

Maastricht che dal 1992 si pretende di imporre. Tuttavia, piuttosto che distruggere del tutto l'unione che faticosamente è stata costruita negli anni, meglio sarebbe sforzarsi di riformarla profondamente, cosa peraltro impossibile se prima non si esce dalla NATO e dalla sua logica servile nei confronti di una potenza situata al di là dell'Atlantico. Uscire è indispensabile non soltanto per rifondare l'Europa ma anche per spingere finalmente gli americani a riformare profondamente il loro paese che, sia detto chiaramente, non è soltanto l'impero del male ma ha anche moltissimo di buono. Non parlo solo della tecnologia, parlo anche e soprattutto degli ideali che le popolazioni indigene hanno trasmesso non soltanto ai propri discendenti ma anche a quegli immigrati europei, africani e asiatici che in essi si riconoscevano. Anche l'America ha bisogno di liberarsi dalla finanza internazionale che non si limita a opprimere chi sta al di fuori di essa. Dopo la profonda delusione costituita dalla presidenza Obama, un autentico burattino della finanza per brevissimo tempo travestito da pacifista e da filantropo, alla presidenza degli USA è arrivato qualcuno che apparentemente non si rende affatto conto della gravità delle due grandi minacce che incombono sul pianeta: quella di una guerra nucleare e quella di un disastro climatico. Non è possibile perseguire assurdi sogni egemonici mentre il mondo crolla ed è assolutamente urgente che qualcuno se ne renda conto anche in sede elevata, anche negli USA.

In tutti i paesi europei si sta consolidando la convinzione che una unione costruita su basi come quelle presenti altro non sia che una finzione e che la cosa più urgente da fare sia liberarci dal signoraggio della finanza criminale e violenta, oggi rappresentata dalle istituzioni della UE e della NATO. Incominciano anche a nascere anche gruppi politici che cercano di tradurre in pratica queste convinzioni che ormai riguardano probabilmente la maggioranza dei cittadini ma sono rappresentate solo marginalmente e occasionalmente nei parlamenti nazionali e nel parlamento europeo. Urge una rivoluzione, possibilmente di velluto ma altrimenti anche dura. Sarà sempre meglio delle prospettive di questo drammatico momento.

13. Papa Francesco

"L'abbaiare della NATO alle porte della Russia ha indotto il capo del Cremlino a reagire male e a scatenare il conflitto. Un'ira che non so dire se sia stata provocata, ma facilitata forse sì".

Parole di Jorge Bergoglio papa Francesco, che, molto autorevolmente contrastano la narrazione occidentale del conflitto russo-ucraino fornendo una ben diversa interpretazione delle relative responsabilità. Un soffio di ossigeno per chi si batteva contro i mulini a vento per la verità, ignorata e sbeffeggiata dalla grande maggioranza dei mezzi di comunicazione.

L'improvvisa e inattesa elezione dell'argentino Jorge Bergoglio al soglio pontificio ha rinforzato le speranze di coloro che considerano il sedicente neoliberismo non solo una grande disgrazia ma anche un crimine contro l'umanità. Il nuovo papa ha fatto tutto il possibile per segnalare la propria disponibilità a coloro che appaiono pronti a iniziare una dura e difficile battaglia morale per superare il presente oscuro periodo storico. In primo luogo, ha scelto il nome significativo di Francesco, poi ha pubblicato una enciclica (Laudato si') dedicata alla necessità morale della tutela dell'ambiente e della natura e, nei suoi interventi, si è scagliato soprattutto contro la guerra, la corruzione e la speculazione che sottraggono risorse essenziali alla vita umana. Pur non avendo espresso condanne esplicite contro il capitalismo finanziario e le sue numerose pratiche immorali, non ci vuole molto per fare qualche semplice deduzione a partire da altre sue esortazioni generali come quella a una vita semplice e scevra da inutili lussi e un autentico riscatto dei poveri, operazione evidentemente impossibile nell'ambito del sistema sedicente neoliberista. Bergoglio è l'uomo giusto al posto giusto e questa constatazione è sufficiente per esporlo a numerosi rischi ma purtroppo anche a diffidenze da parte di persone che dal finanz-capitalismo hanno soltanto da perdere ma che sono comunque legati a ideologie più o meno antireligiose. Nonostante l'indubbia grandezza morale dell'uomo, infatti, non sono pochi nemmeno coloro che lo contestano e che cercano di approfittare delle sue aperture per assestare colpi alla chiesa cattolica. Questo è, a mio parere, un grave errore strategico in primo luogo perché Bergoglio sta alleggerendo il peso dogmatico del cattolicesimo e in secondo luogo perché, qualunque cosa se ne possa pensare, il mondo non è affatto maturo per abrogare le religioni e perché i tentativi finora fatti in tal senso si sono ritorti contro coloro che li hanno messi in atto e sono miseramente falliti. Il fatto è che le religioni, anche dal punto di vista puramente laico, non sono fenomeni puramente razionali ma piuttosto sociologici: rispondono a un'innegabile esigenza della psiche umana, portano anche con sé sistemi morali che in loro assenza finiscono per perdersi rapidamente e che invece possono tuttora svolgere un importante ruolo sociale, potendo esercitare un'enorme influenza sui comportamenti dei popoli. Dunque, mi pare conveniente – qualunque cosa si possa pensare su questo difficile tema – cercare di tenerle sotto un saggio controllo piuttosto che cercare di combatterle in modo becero e frontale, a maggior ragione quando le religioni organizzate prendono apertamente le parti dei popoli in un contesto storico in cui la corruzione, la viltà e la stupidità dei politici ha messo i popoli in una pessima situazione che assolutamente deve essere superata affinché la civiltà umana possa continuare il suo corso.

Laicismo, a mio parere, non può significare ateismo ma deve invece significare qualcosa di diverso e di ben preciso: che la religione, pur dovendo essere un fatto privato, possa comunque influenzare anche la politica, però attraverso le coscienze e non attraverso trame sotterranee o concezioni teologiche della società umana, per di più anche molto arretrate, del tipo di quelle che affiorano in alcune società islamiche (che tuttavia hanno avuto e hanno un successo che dovrebbe fare riflettere). Laicismo non dovrebbe significare tentativo di abrogare le religioni ma puramente e semplicemente impegno a considerarle un fatto privato che tuttavia non può non comportare conseguenze morali anche pubbliche. Se le religioni ci possono aiutare a combattere alla radice le cause del cambiamento climatico, se ci possono essere utili a ridistribuire il reddito e il potere politico migliorando la vita umana, se ci possono guidare ancora in molte altre questioni morali e anche pratiche piccole e grandi, allora mi parrebbe molto stupido considerarle comunque socialmente indesiderabili e preferire ad esse una sorta di ateismo furibondo che finisce per diventare esso stesso una delle fedi gratuite che si vorrebbe combattere. Se è vero, infatti, che la fede cieca in qualcuno o in qualcosa non è una buona cosa, è anche vero che gli esseri umani desiderano fortemente riposare in essa e che, se proprio non possono farne a meno, è meglio che credano in grandi leader che propongono grandi miglioramenti etici piuttosto che in miserabili politici che usano questa inattesa tendenza dei popoli per sfruttarli e danneggiarli economicamente e moralmente continuando a mentire senza alcun ritegno.

D'altra parte, se la teoria dell'evoluzione spiega perfettamente la diversità del mondo dal punto di vista scientifico, resta pur sempre l'interrogativo filosofico sul senso di tutto questo (e per favore, non si risponda semplicisticamente che la domanda non ha senso) nonché quello estetico sulla sua profonda bellezza che suscita sentimenti forti che sembrano possederci mentalmente, anche se oggi sappiamo che si originano da mediatori chimici (ma ciò non cambia nulla). Gli uomini cosiddetti "primitivi" riconoscevano uno spirito in tutte le cose viventi e a volte anche non viventi e un tale, per loro facile, riconoscimento li portava naturalmente a una religiosità che era anche un sistema morale. In oriente e tra gli indigeni del Nordamerica il pensiero religioso naturalistico ha raggiunto altezze impensabili nel cosiddetto occidente che ha tentato costantemente di liberarsene per varare un mondo in cui l'unica regola fosse di fare i propri interessi a qualsiasi costo.

Il torto storico delle religioni "rivelate" monoteistiche è stato di volerci dire troppo su un Dio che, se è assolutamente evidente nelle sue manifestazioni concrete nel mondo sensibile (i fiori, gli uccelli, la neve…), resta invece del tutto inconoscibile nella sua essenza, tanto inconoscibile da sollevare addirittura dubbi sulla sua stessa esistenza. Il grande merito di papa Francesco è stato quello di riportare la religione sul piano morale e naturalistico delle sue origini, piani che uniscono gli uomini, sorvolando invece sulle strutture dogmatiche e storiche del cattolicesimo che sono poi esattamente il piano che divide i cattolici dagli adepti delle diverse confessioni religiose non cattoliche e non cristiane nonché dai laici. Francesco ha riconosciuto il dramma che l'umanità sta vivendo a causa dell'egoismo e della cecità di pochi. Mentre il pianeta si dibatte in una crisi ambientale e climatica gravissima, nel momento preciso in cui è indispensabile un lavoro di stretta e generosa collaborazione che ci possa trarre fuori dai problemi, pochi stupidi, ignoranti, avidi e potentissimi (solo perché ricchissimi) pensano solo ad arricchirsi ulteriormente rubando le risorse di tutti gli altri, le risorse che tra pochissimo tempo saranno diventate anche inutili perché non possiamo più pensare di produrre energia bruciando combustibili fossili.

La serietà dell'intervento ambientale di papa Francesco è testimoniata dalla visita di Naomi Klein, l'eccezionale giornalista investigativa canadese autrice di straordinarie inchieste prima sui delitti dei sedicenti neoliberisti (*The shock doctrine*), poi sulle storture che ovunque nel mondo hanno causato gli attuali problemi del clima (*This changes everything*). Pur definendosi "laica", la giornalista ha espresso un grande apprezzamento nei confronti del pontefice che si sforzava di usare nel modo più utile possibile la sua autorità morale.

Un altro incontro molto promettente del papa è stato quello con il presidente russo Vladimir Putin che, pur essendo di religione ortodossa, condivide con lui l'idea dell'importanza di un'etica che possa fare da guida agli stati, oggi in assoluta confusione da questo punto di vista. Non per nulla, Bergoglio ha condannato più volte l'attuale, disordinato culto del Dio Danaro. Un'etica significa anzitutto regole uguali sempre e uguali per tutti e non mutevoli a seconda della convenienza pro tempore dei più forti, come nella favola del lupo e l'agnello. Significa anche la ricerca di conforto e di autorità morale nella tradizione che certamente può essere aggiornata di tempo in tempo ma con la massima cautela perché se certe regole hanno funzionato per molti anni, prima di cambiarle è necessario riflettere bene sulla effettiva necessità di intraprendere un simile passo.

Rivoluzioni politiche o morali messe su in fretta e furia sono fatalmente destinate a sgonfiarsi o a scoppiare per il semplice e ben noto motivo, noto da millenni, che *natura non facit saltus*. Ebbene, ciò che è vero per la natura è anche vero per le culture che, a ben guardare, sono natura a loro volta. Nessuno dovrebbe mai dimenticarlo, e nessuno dovrebbe dimenticare che il sogno malsano del dominio mondiale è soltanto un incubo mostruoso nei cui gorghi sono già affondate miseramente molte orgogliose navi salpate con l'illusione della onnipotenza e della personale immortalità (almeno morale)) dei loro comandanti.

RIFERIMENTI BIBLIOGRAFICI

- Anderson Tim. La sporca guerra contro la Siria. Zambon Editore, 2017.
- Castellina L., Di Francesco T. La NATO nei Balcani. Editori Riuniti, 1999.
- Chiesa Giulietto Putinfobia. 2016
- Chomski Noah. Terrorismo occidentale. Salani, 2015
- CNGNN. I 70 anni della NATO: di guerra in guerra. CNGNN 2019.
- Crouch Colin. Post-democrazia, 2005
- De Benoist Alain. La fine della sovranità. Arianna Editrice, 2014.
- De Benoist Alain & Aleksander Dugin. Eurasia, Vladimir Putin e la grande politica. Edizioni Controcorrente, Napoli 2014.
- Dugin Alexander. Eurasian mission.. 2015
- Ferrara Gianluca. L'impero del male. Dissensi, 2018.
- Friedman Milton. Capitalism and freedom, 1982.

- Gallino Luciano. Finanzcapitalismo. La civiltà del danaro in crisi. Einaudi, 2011.

- Gallino Luciano. L'attacco allo stato sociale. Lo smantellamento del welfare nella Unione Europea. Einaudi

- Hosea Jaffe. La Germania. Verso il nuovo disordine mondiale. Jaca Book, 1994.

- Keynes John Maynard. Teoria generale dell'occupazione, dell'interesse e della moneta. Traduzione italiana della UTET, Torino, 2013.

- Keynes John Maynard. L'assurdità dei sacrifici. Elogio della spesa pubblica. Introduzione di Warren Mosler. Mabed, 2013.

- King H.S. The war against Putin. 2014

- Klein Naomi. The shock doctrine. The rise of disaster capitalism. Picador, 2011

- Klein Naomi. This changes everything. Simon & Schuster, 2014.

- Massa Renato. Capitalismo zoologico e comunismo privato. KDP 2014

- Massa Renato. L'arca nella tempesta. KDP 2015

- Papa Francesco. Laudato si'. Enciclica sulla cura della casa comune. Libreria editrice Vaticana, 2015.
- Romano Sergio. Putin e la ricostruzione della grande Russia. Longanesi, 2016
- Sangiuliano Gennaro. Putin. Vita di uno zar. Mondadori, Milano 2015
- Zinn Howard. Storia del popolo americano dal 1492 a oggi. Traduzione italiana pubblicata da Il Saggiatore, Milano, 1980.
- Zola Matteo. Dieci anni fa le bombe su Belgrado. La verità su quell'attacco. East Journal, 3 marzo 2010.
- Ucraina, colpo di stato del 2014.
  Fonte: https://lindro.it/euro-maidan-cecchini-legati-agli-anti-yanukovich-alle-forze-speciali-usa/
- Altre info su https://sociale.network/tags/Ucraina